18年管理咨询经验倾力打造

COMPETENCY

MODEL DEVELOPMENT

AND

APPLICATION

胜任力模型

开发与应用

基于胜任力的人力资源体系构建最佳实践

水藏玺　向荣　刘洪良◎著

中国经济出版社
CHINA ECONOMIC PUBLISHING HOUSE
·北京·

图书在版编目（CIP）数据

胜任力模型开发与应用/水藏玺，向荣，刘洪良著
. --北京：中国经济出版社，2019.7（2024.8重印）
ISBN 978-7-5136-5770-9

Ⅰ.①胜… Ⅱ.①水…②向…③刘… Ⅲ.①企业管理-人力资源管理-研究 ②企业管理-人力资源开发-研究 Ⅳ.①F272.92

中国版本图书馆CIP数据核字（2019）第145130号

责任编辑　李煜萍　陈宇慧　李若雯
责任印制　马小宾

出版发行　中国经济出版社
印 刷 者　北京科信印刷有限公司
经 销 者　各地新华书店
开　　本　787mm×1092mm　1/16
印　　张　16.5
字　　数　280千字
版　　次　2019年7月第1版
印　　次　2024年8月第6次
定　　价　68.00元
广告经营许可证　京西工商广字第8179号

中国经济出版社　**网址** www.economyph.com　**社址** 北京市东城区安定门外大街58号　**邮编** 100011
本版图书如存在印装质量问题，请与本社销售中心联系调换（联系电话：010-57512564）

信睿企管丛书专家委员会

[前言] >>> Preface

自从1973年美国心理学家戴维·C. 麦克利兰博士在他发表的“Testing Competence Rather Than Intelligence”文章中首次提出胜任力素质模型以来,越来越多的企业开始研究素质在个体特质中扮演的深层且持久的角色,预测一个人在复杂的工作情境中或担任重任时的行为表现,并将素质与岗位任职资格对应起来,期望通过对任职者基本素质(如知识、技能、社会角色、品质、动机等)的测评,甄选并聘到合适的人来从事相应的工作,优化人岗匹配度,实现人事相宜、人适其事、事得其人,进而提升工作业绩,实现组织目标。

虽然早在尧舜禅让之时中国就有了胜任力模型的意识,《吕氏春秋》中提到了识人的“八观”“六验”,《庄子》中提到了识人“八验”,诸葛亮用人十五法也对如何识人、用人有明确的阐述,但中国企业真正引入胜任力模型还是比较晚的。

可以这么说,华为是中国最早引入胜任力模型的企业,也最早尝到了胜任力模型带来的甜头。华为将胜任力模型与岗位任职资格有机结合起来,为自身人力资源选、育、用、留等各个方面带来了极大的帮助。正因为如此,华为人力资源体系建设成为国内诸多企业纷纷学习和效仿的楷模。

《华为基本法》第六十七条提出:“华为依靠自己的宗旨和文化、成就与机会,以及政策和待遇,吸引和招揽天下一流人才。我们在招聘和录用中,注重人的素质、潜能、品格、学历和经验。按照双向选择的原则,在人才使用、培养与发展上,提供客观且对等的承诺。”第六十九条提出:“我们在报酬与待遇上,坚定不移地向优秀员工倾斜。工资分配实行基于能力主义的职能工资制。”第七十一条提出:“我们不拘泥于资历与级别,按公司组织目标与事业机会的要求,依据制度性甄别程序,对有突出才干和突出贡献者实施破格晋升。”第七十三条提出:“我们将持续的人力资源开发作为实现人力资源增值目标的重要条件,实行在职培训与脱产培训相结合,自我开发与教育开发相结合的开发形式。为了评价人力资源开发的效果,我们应建立人力资源开发投入产出评价体系。”……可以看得出来,华为对人才的要求完全吻合麦克利兰提出的胜任力模型,而且在员工甄选与招聘、薪酬激励、职位发展、培训教育等方面都与胜任力有着非常密切的联系。

华为在胜任力模型应用领域的成功激起了诸多中国企业的热情。大家纷纷效仿华为在企业内部建立胜任力模型、完善岗位任职资格、按照能力确定薪酬等级、实施基于胜任力的对人不对事的评价体系、基于胜任力建立员工培训课程体系、基于胜任力模型规划职位发展通路等。总之,在这种情况下,基于能力的人力资源管理体系建设正如火如荼地进行着。

我根据十多年的实践,发现国内企业在建立胜任力模型以及胜任力模型应用环节尚存在一系列问题,诸如胜任力模型框架设计、胜任力模型开发基本步骤和方法、胜任力模型在人力资源各个领域的应用等。正是针对以上问题,本书力求方法可操作、应用实战化、案例真实化,期望能够为中国企业进行胜任力模型开发与应用抛砖引玉,引领中国企业由卓越走向基业长青。

当然,限于个人能力、学识与资历,书中难免存在不足之处,恳请广大企业家、同行、读者朋友不吝批评与指正,我愿与大家共同成长,推动中国企业通过胜任力模型开发及应用,提升组织能力。

在本书完成之际,我要感谢多年来一直保持密切合作的客户们。在与客户合作的过程中,我有幸见证了中国企业管理能力演进过程,也分享到了客户业绩倍增的经营成果。

中国经济出版社李煜萍、陈宇慧、李若雯三位责任编辑为本书的顺利出版付出了很多心血,一并谢过。

另外,我还要感谢信睿咨询的全体顾问:大家在具体项目实施过程中,不断探索和实践胜任力模型的开发及应用,使我们对胜任力模型的理解越来越深刻,应用效果越来越明显。

最后,我还要感谢我的爱人许艳红女士:由于顾问工作原因,我长时间出差在所难免,十多年来她一个人照顾家庭、培养孩子,借本书出版的机会,我要真心感谢她的付出与关心。

读者如有任何疑惑或不同的观点,可以直接来信与我联系,期待着与大家交流。联系电话:13713696644,电子邮箱:sacaxa@163.com,微信:shuicangxi,QQ:1139253224。

水藏玺

2019 年 3 月于深圳

[目录] >>> Contents

第一篇 胜任力模型综述

第二篇　胜任力模型开发

第三篇 胜任力模型应用

六大胜任力
模型应用案例

第一篇　胜任力模型综述

胜任力模型自古有之:早在尧禅让于舜的时候,为了考察舜的为人与品格,尧先将自己的女儿娥皇、女英嫁与舜,并赐牛、羊、谷种,还让其九子与舜同行同劳。经过二十多年的考察,尧对舜的仁爱、善良、包容、孝心等各方面品质给予了充分肯定,最终完成了经典的尧舜禅让。

《吕氏春秋·论人》中记载了看人识人的"八观""六验"要诀:"凡论人,通则观其所礼,贵则观其所进,富则观其所养,听则观其所行,止则观其所好,习则观其所言,穷则观其所不受,贱则观其所不为。喜之以验其守,乐之以验其僻,怒之以验其节,惧之以验其持,哀之以验其人,苦之以验其志。八观六验,此贤主之所以论人也。"

无独有偶,《庄子》中也提出了识人的"八验"模型:"远使之以观其忠,近使之以观其敬,烦使之以观其能,猝问之以观其智,急与期以观其信,醉以酒以观其性,杂以处以观其色,示以利以观其廉。"

三国蜀汉政治家诸葛亮在选人时,一向主张"德才兼备,以德为主"。诸葛亮主张"治国之道,务在选贤";"国之有辅,如屋之有柱,柱不可细,辅不可弱,柱细则害,辅弱则倾"。同时,他还提出判定一个将领是否有才的用人十五法:"一曰虑,间谍明也；二曰诘，谇候谨也；三曰勇，敌众不挠也；四曰廉，见利思义也；五曰平，赏罚均也；六曰忍，善含耻也；七曰宽，能容众也；八曰信，重然诺也；九曰敬，礼贤能也；十曰明，不纳谗也；十一曰谨，不违礼也；十二曰仁，善养士卒也；十三曰忠，以身殉国也；十四曰分，知止足也；十五曰谋，自料知他也。”他一生痛恨那些不能忠贞不贰的、“奸伪悖德”的小人，信赖重用精忠报国、学有专长的“直士”。建兴五年（公元317年）诸葛亮率军北伐中原之前，上书《出师表》给后主刘禅，希望他能重用郭攸之、董允等人，说他们都是“忠良死节之臣”，要后主“亲之信之”。另外，他还针对后主的弱点，语重心长地告诫其“亲贤臣、远小人，此先汉所以兴隆也；亲小人、远贤臣，此后汉所以倾颓也”，把在用人的问题上是否坚持以德为主提到国家兴亡的高度，足见诸葛亮对“德”的重视。

可以看出，无论是尧选人的标准（仁爱、善良、包容、孝心），还是《吕氏春秋·论人》中提到的“八观”（礼、进、养、行、好、言、不受、不为）、“六验”（守、僻、节、持、人、志），《庄子》中提到的“八验”（忠、敬、能、智、信、性、色、廉），抑或是诸葛亮提出的用人十五法（虑、诘、勇、廉、平、忍、宽、信、敬、明、谨、仁、忠、分、谋），都可以作为企业衡量一名合格员工的标准，也可以将其理解为早期的胜任力模型。

第一章 胜任力模型概述

任何企业,都期望能够“甄选并招聘合适的人,将其放在合适的岗位上,让其创造最大的价值”,但什么样的人才是合适的人呢?岗位不同,对任职者的要求就截然不同,该如何区分呢?这就需要企业根据不同职位族或职系、不同管理层级建立完善的胜任力模型,并按照胜任力模型对任职者进行评价,最终确定该员工与岗位胜任力模型之间的匹配程度。

第一节 什么是胜任力

胜任力可以理解为能够完全胜任某种工作所需要的全部条件,这些条件包括知识结构、工作经验、工作能力、职业素养、成就动机、价值理念、自我认知、性格特征、智商、情商、逆商等。

当然不同的人对胜任力的定义有所不同,诸如:

美国著名管理专家克莱姆普认为,胜任力就是一个人能够有效地或者出色地完成工作所具有的内在基本特点。

美国心理学家斯宾塞于 1993 年提出,胜任力是指能够将某岗位(或组织、文化)上表现优异者与表现平平者区分开的潜在的、深层次的个性特征,它可以是动机、特质、自我形象、态度或价值观、某领域的知识、认知或行为技能中任何可以被可靠测量或计数的,并且能够显著区分工作中优秀绩效和一般绩效的个体特征的总和。

1995 年,约翰内斯堡关于胜任力的会议指出,胜任力是影响一个人大部分工作(角色或职责)的一些相关的知识、技能和态度,与工作的绩效紧密相连,可以用一些广泛接受的标准进行测量与评价,而且可以通过培训与发展加以改善和提高。

美国企业管理专家史考特·派瑞于1998年提出了关于胜任力的定义,他认为胜任力主要包含以下四个方面的含义:

(1)胜任力是知识、能力及职业素养的整合。

(2)这些因素的整合引出的是可观察的和可测量的行为。

(3)胜任力与绩效有直接的关联。

(4)胜任力可以通过培训等手段得以提高。

美国心理学家戴维·C. 麦克利兰博士将常规的胜任力归结为以下21项,并将这21项胜任力要素按照内容或作用的相似程度分为6个基本的特征族(成就与行动族、帮助与服务族、冲击与影响族、管理族、认知族、个人效能族),每个特征族又按照行为与绩效差异影响的显著程度划分为2~5项具体的胜任特征。

表1-1 麦克利兰胜任力词典

特征族	胜任力要素解释	相应胜任力要素
成就与行动族	成就导向(ACH):希望更好地完成工作或达到一个优秀绩效的标准。成就导向分为三个构面,分别为行动的强度和完整性、影响范围、创新	结果导向、效率导向、专注标准、专注改善、创业精神、资源的充分利用
	重视次序、品质和精确(CO):反映于降低环境不确定性的潜在动机,包括监控、重视明确、降低不确定性、持续跟踪	监控、重视明确、降低不确定性、持续跟踪
	主动性(INT):重点在于采取行动,主动的意义是在没有人要求的情况下,付出超乎工作预期和原有需要层次的努力,通过这些付出可以改善及提高效益,以及避免问题的发生,或创造出新的机会	行动、果断、未来策略导向、把握机会、前瞻性
	信息收集(INFO):出于强烈的好奇心,想知道更多的人、事物或特殊议题,而主动进行信息收集,也就是说花费力气去获得更多的信息,而不是接受眼前的现实	问题定义、诊断焦点、客户及市场敏感度、探究真相

续表

特征族	胜任力要素解释	相应胜任力要素
帮助与服务族	人际理解力(IU):想要了解他人,可以清楚地倾听及体会到他人没有表达出来或是说明不完整的想法、感觉及考量的能力。人际理解力分为两个构面,分别是对他人了解深度或复杂度、倾听与回应他人	同理心、倾听、对他人的敏感度、洞察他人的感觉、诊断式了解
	客户服务导向(CSO):有帮助或服务他人、满足他人需求的渴望,全力将努力的焦点放在发掘和满足顾客的需要上	协助与服务导向、以客户需求为焦点、成为客户的伙伴、终端客户的诉求、重视满意度
冲击与影响族	冲击与影响(IMP):表现出劝诱、说服、影响或者感动他人,以赢得对方的支持与认可的能力,或呈现出对他人产生特定冲击或影响的渴望	战略影响力、印象管理、表演能力、目标说服、合作影响
	组织认知(OA):个人了解自己在组织中权力关系,以及在更高层面或更大圈子中的地位的能力。包括辨明谁是组织真正的决策者与哪些人能够影响他们的能力	参与组织、带领他人、对客户组织的认知、政治敏感性
	关系建立(RB):与相关人员建立与维持友善、和谐的工作关系	建立网络、资源利用、开发人脉、对客户关系的关切、建立融洽关系的能力
管理族	培养他人(DEV):冲击与影响的一项特殊能力,是指促成他人学习或者发展以及适当帮助他人成功的意愿	教导与训练、确保能够成长与发展、指导他人、提供支持
	命令,果断与职位权力的运营(DIR):促使他人依照其希望行事,命令通常含有“告诉他人做什么”的主题或语调	果断、权力的运用、积极影响力的运用、主导、坚持提升品质服务、维持秩序
	团队合作(TW):与他人通力合作并成为团队一部分,共同工作而非分开工作或相互竞争。团队合作分为三个构面,分别为团队合作的强度、涉及的团队规模、促使团队合作努力或主动积极的程度	团队管理、团队促进、化解冲突、管理部门的气氛、激励他人
	团队领导(TL):担任团队领导者,并带领团队达成组织目标	指挥、负责管理、远见、团队管理和激励、建立团队目标、关心下属

续表

特征族	胜任力要素解释	相应胜任力要素
认知族	分析式思考(AT):系统地把一个问题或情况的各个部分组织起来;系统地比较不同的特征或构面,依据理性设定先后次序;找出时间的次序、因果关系,或是并列关系	实际智力、分析问题、推理、计划能力
	概念式思考(CT):拼凑片段或着眼大局来了解一个问题或情况,包括找出它们之间的关联关系,或者找出复杂情况之中的关键点。概念式思考是利用创意、概念进行归纳推理,以应用现有概念或者定义新的概念	概念的使用、辨别模式、洞察力、批判式思考、定义问题、形成理论的能力
	技术/职业/管理的专业知识(EXP):对相关知识的精通、应用以及传播给别人的动机	产品知识、专家助手形象、诊断技巧、学习热情
个人效能族	自我控制(SCT):在遭受诱惑、阻力、敌意、压力时,保持冷静、控制负面情绪和行动的能力	耐力、抗压能力、保持冷静的能力、不容易被激怒
	自信(SCF):一个人面对挑战和各种挫折时,完成一项任务或采取某种手段完成任务和解决问题所表现出来的信念	果断力、自尊、独立、强烈的自我概念、愿意承担责任
	弹性(FLX):一个人在不同环境下,与不同人或群体工作时所表现出来的适应性。弹性可以让人了解、珍惜不同或对立的观点,在情况发生变化的时候,可以根据实际情况改变做事的方式,并在组织或工作要求上有所改变或轻易接受改变	适应力、改变的能力、知觉的客观性、保持客观、耐力
	组织承诺(OC):一个人有能力并愿意将个人的行为调整到与组织需求、重要决定及目标相一致,并在行动上协助达成组织目标或符合组织需求	企业思维、使命导向、组织愿景、对上级使命的承诺
	其他个人特色与能力	……

另外,为了解决不同管理层级员工对同一项胜任力要素要求的差异,麦克利兰还列出了每项胜任特征的具体释义与至少1—5级的分级说明,并辅以具体、典型的行为描述。

表 1－2　麦克利兰胜任力要素分级释义

团队合作：分为三个构面，分别为团队合作的强度、涉及的团队规模、促使团队合作努力或主动积极的程度	
级别	行为描述
A	团队合作的强度
A(－1 级)	不合作，造成团队分裂，导致问题产生
A(0 级)	中立、被动，不参与或不属于任何团队
A(1 级)	合作，自愿参与，支持团队的决定，是一个好的团队成员
A(2 级)	分享信息，不断向其他人提供有关团队进展的信息
A(3 级)	表达出正面的期待，用正面的词语讨论团队成员，凭借理性表现出对他人才智的尊重
A(4 级)	恳求别人提供意见，重视他人的意见和专业知识，愿意向他人学习，尤其是下属；恳求他人提供意见和看法，并协助执行特定的决策或计划
A(5 级)	给予他人动力，公开表扬他人的良好表现，鼓励并给予他人动力，让他们感受到自身的价值
A(6 级)	采取行动增进友善的氛围，维护和提升团队在外部的声誉
A(7 级)	化解冲突，公开团队中存在的问题和冲突，并鼓励或促成有利问题或冲突解决的方案，不隐藏冲突或避开问题
B	涉及的团队规模
B(1 级)	3～8 人的非正式团队，可能包括社交或友谊性质的群体
B(2 级)	任务小组或临时性团队
B(3 级)	正式的工作小组或小型部门
B(4 级)	大型部门，成员 16～50 人
B(5 级)	大公司的部门，或整个中型公司
B(6 级)	较大型的公司
C	促使团队合作努力或主动积极的程度
C(1 级)	不做任何额外的努力
C(2 级)	采取超出例行公事的行动
C(3 级)	付出超出平常的努力，利用自己较长的时间，可能长达数月
C(4 级)	督促他人采取非例行公事的行动、举行额外的会议等
C(5 级)	让他人也一起付出超出平常的努力

第二节　胜任力模型来源

虽然自古以来就有很多类似胜任力模型的理论和标准，但真正提出胜任力模型理论的是麦克利兰，他在 1973 年发表的“Testing Competence Rather Than Intelligence”的文章中首次提出了胜任力模型的概念。

早在 20 世纪 50 年代后期，美国政府就支持麦克利兰对选拔外交官的方法进行研究。当时的情况是美国新闻总署面临如何选拔新闻总署图书馆及海外文化事务官员的问题，美国新闻总署给麦克利兰提出的要求是确定一位杰出的美国新闻总署官员需要具备的态度和习惯，以便新闻总署据此测试并选拔更合适的人选。在对不同绩效的新闻总署官员进行分析的基础上，麦克利兰提出了一名优秀的外交官员需要具备的一系列能力，如社会敏感性、政治判断力等，这样就形成了美国新闻总署官员的胜任力模型。

麦克利兰及大量后来的研究人员经过长期实践，对胜任力模型继续细化和深度应用，最终演化成“冰山素质模型”（见图 1－1）。“冰山素质模型”告诉我们，要想使一名员工产生好的工作业绩：冰山露出水面的部分——知识、技能，是容易测量和评价的，企业可以通过教育和训练来改变和提升；而冰山隐藏在水面以下的部分——社会角色、自我意识、个性特征以及动机，则是一个人内在的、难以测量的，这些因素不易受到外界因素的影响和干扰，但又会对一个人的行为及工作业绩产生巨大的影响。其中：

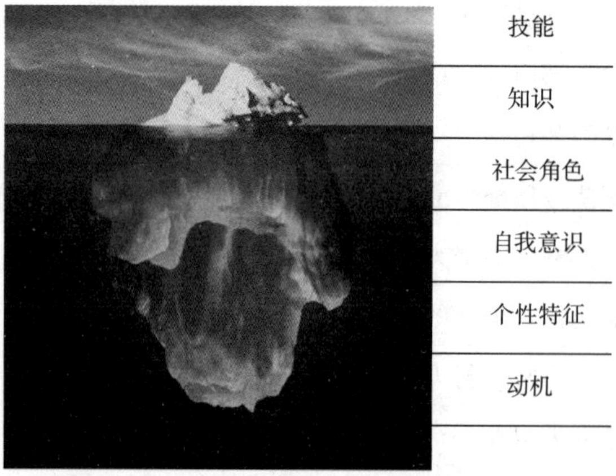

图 1－1　麦克利兰胜任力素质模型（示意）

(1)技能是指结构化地运用知识完成某项具体工作的能力,即对某一特定领域所需技术与知识的掌握情况。

(2)知识是指个人在某一特定领域拥有的事实型与经验型信息。

(3)社会角色是指一个人基于态度和价值观的行为方式与风格。

(4)自我意识是指一个人的态度、价值观和自我印象。

(5)个性特征是指个性、身体特征对环境和各种信息所表现出来的持续反应。

(6)动机是指在一个特定领域的自然而持续的想法和偏好(如成就、亲和力、影响力),它们将驱动、引导和决定一个人的外在行动。

1982 年,美国行为组织学教授理查德·博亚兹在他的《胜任的经理:一个高效的绩效模型》一书中对胜任力模型进行了进一步深化,从此胜任力模型在企业人力资源管理中如火如荼地应用了起来。

后来,经过长时间实践与完善,冰山素质模型也在不断演化,美国管理专家安托尼特·D. 露西亚、理查兹·莱普辛格在《胜任:员工胜任力模型应用手册》一书中提出了"胜任力金字塔"模型(见图 1-2),他们认为胜任力模型应该包括天生的能力和后天获得的能力。这种胜任力模型基本上形成了一个金字塔,这个金字塔以天赋为基础,中间部分是通过后天学习、努力以及亲身体验所得到的各种技能与知识,而位于金字塔顶端的则是一些具体的行为表现,包括前面提到的所有内在以及通过后天培养获得的能力的外在体现。

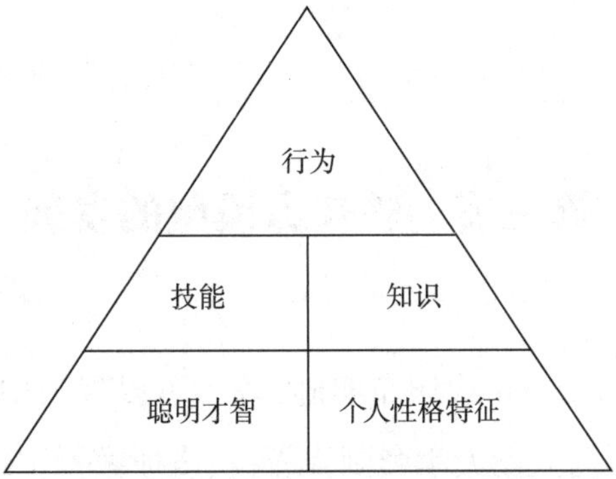

图 1-2　胜任力金字塔模型[①]

无论是麦克利兰的冰山素质模型,还是安托尼特·D. 露西亚、理查兹·莱普辛格提出的胜任力金字塔模型,在实际操作过程中都有些因素是很难量化和测量

① 露西亚,莱普辛格. 胜任:员工胜任力模型应用手册[M]. 郭玉广,译. 北京:北京大学出版社,2004:9.

的，如性格特征、动机、情商、智商、逆商等，但是这些因素确实在影响最终的工作绩效。因此，为了让企业应用得简单、可操作，我们对冰山素质模型进行了简化（见图1－3）。

从图中我们可以看出，真正露出水面看得见、摸得着的只有两项：工作业绩以及员工日常的行为表现，工作行为对工作业绩产生直接影响，好的工作业绩需要有一系列好的工作行为。而想要让员工具备好的工作行为，则取决于水面以下浅层的三个影响因素，即能力、素养和知识。另外，处于深水区的性格、情商、智商等虽然对行为的产生也会产生影响，但往往难以测量。

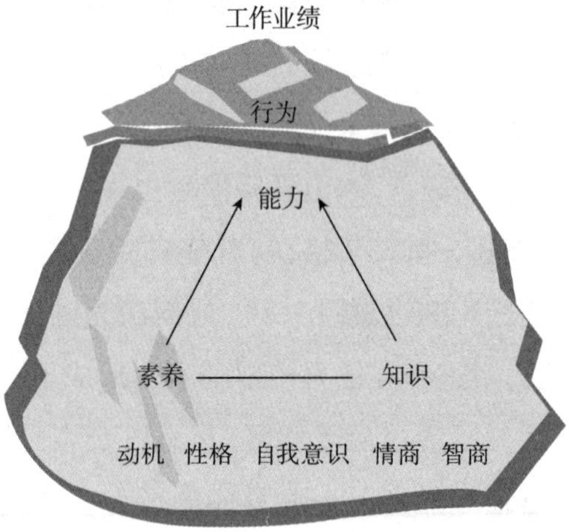

图1－3　冰山素质模型（简化版）

第三节　胜任力模型的发展

1998年，《华为基本法》正式颁布实施，该年可以视为中国企业导入胜任力模型的元年。2003年，中国人民大学彭剑锋教授、饶征教授主编的《基于能力的人力资源管理》《任职资格与职业化》将胜任力模型理论正式引入中国。

在胜任力模型进入中国企业之前，大多数企业的人力资源管理还仅仅停留在传统的人事事务管理阶段，当时负责人力资源事务的部门还被称作人事部，人力资源工作也被视作后勤服务性工作，不受企业重视。

随着人力资源管理在企业中扮演的角色越来越重要，大家对人力资源管理的未来发展趋势也有了很多种提法,可归纳为四种:基于胜任力的人力资源管理、基于战略的人力资源管理、人力资本管理、人力资源外包。其中,基于胜任力的人力资源管理发展最为迅猛。

基于胜任力的人力资源管理认为,人是企业的第一资源,企业人力资源管理的核心在于不断提升员工的个人能力以使其适应更高的技能要求,实现公司战略目标。在这种思想下,企业人力资源管理的重点在于:能力素质体系、招聘与甄选、培训与教育、员工职业规划、基于能力的员工激励、基于能力的员工职位发展、基于能力的企业文化等。

著名人力资源管理专家戴维·D. 杜波依斯、威廉·J. 罗思韦尔、德博拉·乔·金·斯特恩和琳达·K. 肯普将基于胜任力的人力资源管理体系分为六部分①:基于胜任力的人力资源规划、基于胜任力的员工招募和选拔、基于胜任力的员工培训、基于胜任力的绩效管理、基于胜任力的员工报酬、基于胜任力的员工开发。

彭剑锋则将基于胜任力的人力资源管理体系②分为基于战略的任职资格系统、基于胜任力的人力资源战略规划、职业化素质评价系统、职业化行为能力评价系统、以 KPI 指标为导向的绩效改进系统、基于能力的职能工资系统、人力资源培训与开发系统等七大部分。

基于胜任力的人力资源体系强调以人为导向而不是以职务为导向,这种理念使胜任力素质模型成为人力资源管理职能的基础。基于胜任力的人力资源管理体系的理论基础是冰山素质模型。冰山素质模型认为,要想使员工产生好的工作业绩,其底层的基础包括知识、技能、价值观和职业素养,而这些底层的基础则是基于胜任力的人力资源管理体系的重点。

一、基于胜任力的任职资格系统

基于胜任力的人力资源管理体系认为,提升和发展员工能力是人力资源工作的核心,由于不同类型的企业、不同的职位对员工胜任力的要求是不同的,这就要求企业人力资源工作者为不同职位族和不同职位建立任职资格系统,如表 1-3所示:

---

① 杜波依斯,罗思韦尔,斯特恩,肯普. 基于胜任力的人力资源管理[M]. 于广涛,等,译. 北京:中国人民大学出版社,2006:33-155.

② 彭剑锋,饶征. 基于能力的人力资源管理[M]. 北京:中国人民大学出版社,2003:50-249.

表1-3 不同职位族胜任力要素(示意)

员工类型	胜任力要素
管理职位族	影响力(IMP)、成就导向(ACH)、团队与合作精神(TW)、分析式思考(AT)、主动积极(INT)、培养他人(DEV)、自信心(SCF)、人际理解(IU)、直接/果断性(DIR)、信息收集(INFO)、团队领导力(TL)、概念式思考(CT)、专业技术知识(EXP)
技术与专业职位族	成就导向(ACH)、影响力(IMP)、概念式思考(CT)与分析式思考(AT)、主动积极(INT)、自信心(SCF)、人际理解(IU)、关注程序与品质(CO)、信息收集(INFO)、团队合作(TW)、专业知识(EXP)、客户服务导向(CSO)
市场营销职位族	影响力(IMP)、成就导向(ACH)、主动积极(INT)、人际理解能力(IU)、客户服务导向(CSO)、自信心(SCF)、关系建立(RB)、分析式思考(AT)、概念式思考(CT)、信息收集(INFO)、组织认知(OA)、技术性专业知识(EXP)

二、基于胜任力的人力资源规划系统

传统的人力资源规划强调人员数量的盘点、供给分析与配置规划,而基于胜任力的人力资源管理体系则认为,还需要对人力资源的质量进行盘点,进而对人力资源素质提升和员工发展进行系统规划。

三、基于胜任力的员工甄选与招聘系统

在员工甄选和招聘环节,基于胜任力的人力资源管理体系非常重视员工能力的评价,正如招聘专家杰夫·斯玛特和人力资源管理专家兰迪·斯特里特的《聘谁:用A级招聘法找到更合适的人》一书所言①:

(1)招聘到正确的人比正确地做事更重要。

(2)制定高标准,找到A级选手。除非你不想做好,否则永远不要让B级、C级选手充斥到团队中。

(3)能否聘对人决定你事业的成败。请来C级选手,就会永失竞争力;请来B级选手,你做得也许还行,但永远别想突破;请来A级选手,无论你追求什么,都会

① 斯玛特,斯特里特. 聘谁:用A级招聘法找到更合适的人[M]. 任月园,译. 北京:中国经济出版社,2019.

获得成功。

(4)什么是A级选手？他有至少90%的希望实现排名在前10%的选手能够实现的成果。

可见，人才对于企业经营的影响何其之大！正因为如此，企业在选人的时候就必须建立基于胜任力的岗位任职标准，并通过科学合理的评价体系客观评价员工，保证适岗率。

四、基于胜任力的员工培训与发展系统

基于胜任力的人力资源管理体系认为，不断培养和提升员工的个人能力是组织目标实现的基础。因此，企业人力资源部必须建立和健全员工培训和发展系统。

员工的培养通常按照图1－4所示进行：

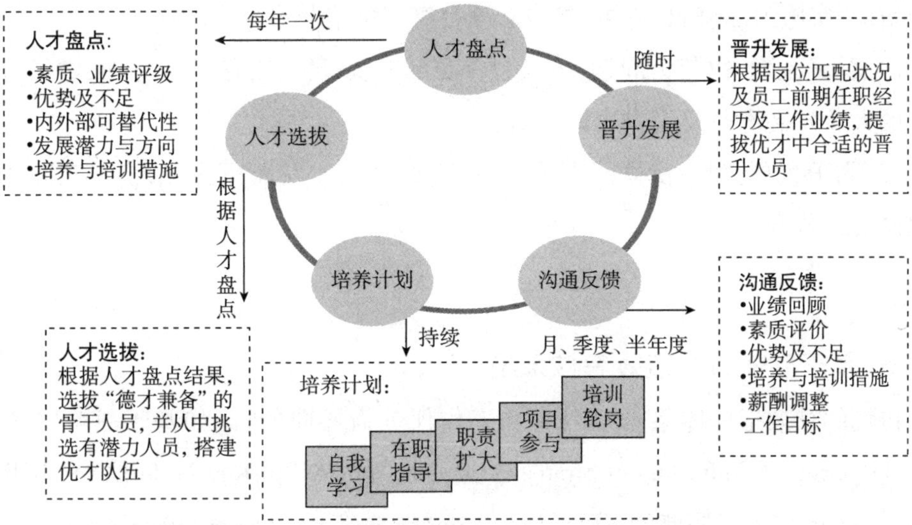

图1－4 基于胜任力的人才培养路径

(1)人才盘点：企业人力资源部每年进行一次内部人才现状盘点，选拔有潜力的员工纳入企业人才库，同时评估人才库中员工的培养效果及成长情况，淘汰不符合要求者，任用人才库达到担任更高职位标准的员工。

(2)人才选拔：在进行人才选拔的过程中，企业一定要兼顾绩效和胜任力要素，既要考虑员工的能力是否达到任职标准，又要考虑员工的绩效表现是否优异。企业可以根据自身特点和人力资源管理水平，建立人才选拔矩阵，如图1－5所示：

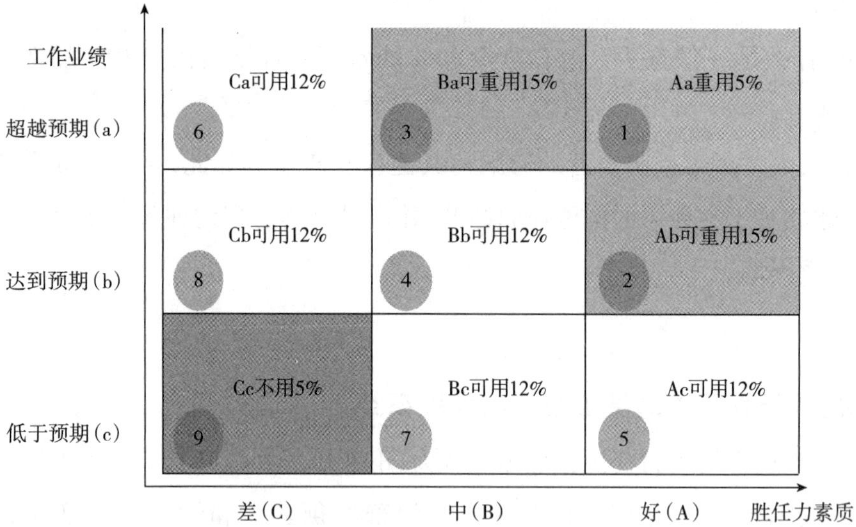

图 1-5 企业人才选拔矩阵

(3)培养计划:主要包括指定导师、建立培养档案、进行个性测评、提供各种形式的培训、实施内部兼职、轮岗、参与新项目等多种培养形式。

(4)沟通反馈:以年为周期,由人力资源部组织、员工直接上级参加,进行每年一次的人才发展沟通及培养效果评估。

(5)晋升发展:对于优秀的人才,企业应按照人才发展通路、结合员工职业发展取向安排晋升。

五、基于胜任力的绩效考核系统

传统的绩效指标体系是以目标和工作任务为导向的,诸如基于战略的 KPIs (Key Performance Indicators of Strategy)、基于流程的 KPIp(Key Performance Indicators of Process)、基于职能的 KPIo(Key Performance Indicators of Organization)等等;而基于胜任力的人力资源管理体系则强调对员工个人能力的评价,由此而产生了基于能力的 KCIs(Key Competency Indicators of Skill)及基于素养的 KCIa(Key Competency Indicators of Attitude)①,强调对员工个人而非对工作本身的评价。

① 水藏玺,吴平新. 高绩效工作法[M]. 北京:中国纺织出版社,2019:18.

六、基于胜任力的薪酬福利系统

传统的薪酬体系设计非常重视同岗同酬，认为这是坚持薪酬公平性原则的最直接体现。但这种方式恰恰会造成更大的不公平和员工不满。原因很简单，即便是在同一个岗位，员工的能力、资历也是有差异的，离开这二者简单地追求所谓的公平，其实是不公平的。而基于胜任力的薪酬福利系统更加强调人的能力差异，按照能力大小确定薪酬水平，体现“能者多得”的分配原则。

七、基于胜任力的企业文化系统

美国管理专家迈克尔·茨威尔倡导企业要建立基于胜任力的企业文化①。他认为，企业文化的塑造必须建立在能力的基础之上，其中的能力主要包括：

（1）完成任务的能力。包含以业绩为导向、绩效管理、影响力、主动性、生产效率、灵活性、创新、质量关注意识。

（2）人际交往能力。包含团队精神、以服务为导向、人际意识、对组织的认识、建立良好的关系、解决冲突、沟通能力、跨文化的敏感意识。

（3）个人素质能力。包含正直诚信、自我发展、决断、决策、应对压力、分析思维、概念思维。

（4）管理能力。包含团队建设、激励他人、授权他人、培养他人。

（5）领导艺术能力。包含远见卓识、战略思维、开拓进取、管理变革过程、建立对组织的忠诚、确定工作重点、工作目标、原则和价值观。

可以看出，基于胜任力的人力资源管理体系的落脚点在于人。因此，企业通过甄选、招聘、教育、培训、激励、评价等一系列手段最终确保人岗匹配，实现人事相宜、人适其事、事得其人。

---

① 茨威尔．创造基于能力的企业文化[M]．王申英，唐伟，何卫，译．北京：华夏出版社，2002：17－39.

第二章 中国企业胜任力模型应用实践

胜任力模型自从20世纪90年代末进入中国后，经过近20年的蓬勃发展，已经成为优秀企业人力资源管理体系建设的核心。华为如此，腾讯、阿里、万科、恒大、小米、美的、招商银行、中国平安、华润也不例外，因为大家都明白了一个道理：人力资源的核心都应该围绕“人”来展开，离开了“人”，“企”业就停“止”了。

第一节 华为研究与开发人员胜任力模型

从《华为基本法》中可以看出华为对胜任力模型的重视程度。在华为，围绕“客户价值创造”有一个非常著名的“铁三角”模型，即：以企业目标与使命为导向形成的绩效管理体系；以流程、组织及职位为基础的运营体系；以胜任力模型、任职资格为核心的能力体系。这三个体系分别面向绩效、职位以及能力：绩效用“事”来表示，职位用“岗”来表示，能力与胜任力用“人”来表示。这三大体系之间有着明确的分工并有机地融合：首先对职位进行评价，确定职位价值，确定该职位所需的任职资格和胜任力等；其次对人进行评价，把职位要求与胜任力等结合，做到“人岗匹配”；最后对绩效进行评价。

华为的胜任力模型分为两大类：通用胜任力模型和基于职位族的胜任力模型（见表2-1）。在通用胜任力模型中，包括成就意识、演绎思维、归纳思维、信息收集、关系建立、团队精神等18个通用胜任力要项。基于职位族的胜任力模型包括领导者、管理者、研发职位族、营销职位族、专业职位族、操作职位族的胜任力模型。另外,各个职位族还细分为更小的职系,如专业族还细分为计划、流程管理、人力资源、财经、采购、秘书等职系,每个细分的职系都有专门的胜任力模型。

表 2-1　华为研发职位族胜任力模型

思维能力	
定义	(1)个人对问题进行分析、归纳、推理和判断等一系列认知活动,包括分析推理、综合思维两个方面 (2)分析推理就是在理解问题时将其拆分成更小的部分,通过符合逻辑的演绎,排除不相关的资料,找出事物发生的前因后果。分析推理也被称作演绎推理、分析思维、纵向思维以及实践智力等 (3)综合思维就是运用已有的概念和理论做归纳性的推理。这种思考问题的方式是将分散的信息综合在一起,从中识别出它们之间的联系,找出事物背后隐藏的或存在的模式。综合思维也被称作概念思维、模式认知、悟性、批判性思维等
分级	0 级:不能准确而周密地考虑事情发生的原因,或者不能根据已有的经验或知识对当前面临的问题做出正确的判断 1 级:将一个复杂的问题分解成不同的组成部分,使之更加容易把握,并根据经验和常识迅速发现问题的本质 2 级:发现实践的多种可能原因和行为的不同后果,或找出复杂事物之间的联系 3 级:恰当地运用已有的概念、理论、方法或技术等找出最有效的解决问题的方法
成就导向	
定义	(1)迎接困难的挑战 (2)希望自己的表现超越他人,有强烈表现自己能力的愿望 (3)力争优异的标准 (4)不断追求进步 (5)关注后果和效率
分级	0 级:安于现状,不追求个人技术或专业修养方面的进步,或产品开发中不尽力达到优质标准 1 级:努力将工作做得更好,或达到某个优秀标准 2 级:想方设法提高产品性能或工作效率;为自己设立富有挑战性的目标,并为达到这些目标而付诸行动 3 级:在仔细权衡代价与利益、利与弊的基础上做出决策,为了获得较大利益敢于冒险
团队合作	
定义	(1)个人愿意与群体的其他人共同协作完成任务,单独地或采取竞争的方式从事工作 (2)团队是指为了实现某个或某些目标而共同工作的群体,它可以是一个部门内的产品开发小组或营销小组,也可以是为了满足顾客需要而组成的跨部门工作群体 (3)团队合作也经常被称作群体管理、群体助长、冲突解决和激励他人等

续表

团队合作	
分级	0 级:在工作中单独作业,不与他人沟通,甚至与他人发生矛盾 1 级:与群体中的其他人合作、交流、分析信息与知识 2 级:帮助团队其他成员解决问题;毫无保留地将自己的技能传授给他人 3 级:积极寻求并尊重他人的观点;鼓励团队其他成员,促进团队成员之间的合作或提高团队的工作氛围
学习能力	
定义	(1)积极获取相关信息和知识,并对其进行加工和理解,从而不断更新知识结构,提高工作技能 (2)学习能力强的人具有较强的好奇心,希望比较深入地了解新鲜事物,善于利用一切可能的机会获取对工作有帮助的信息和知识 (3)学习能力也可称为好奇心、求知欲、钻研精神
分级	0 级:在专业上停滞不前,不更新自己的知识结构,不善于向其他人学习,故步自封 1 级:愿意并善于向其他同事学习 2 级:能够钻研资料,获取必备的知识或技能,从而尽快适应新的工作要求 3 级:深入了解当前最新的知识和技术,能够意识到它们在产业界的广泛应用,并将学到的东西用于自己的工作
坚韧性	
定义	(1)能够在非常艰苦或不利的情况下,克服外部和自身的困难,坚持完成所从事的工作 (2)受到挫折时能够有效控制自己的情绪,克制自己的消极行为;面对他人的敌意时保持情绪的冷静和稳定;能够忍受艰苦的工作环境和较大的压力,使工作业绩不受外界压力、挫折和个人消极情绪的干扰和影响 (3)在不利的情形之下没有怨言和恶意,总能看到事物积极的方面。即便受到他人的反对和攻击也会按照自己的意见和计划坚持做下去,直至工作目标达成 (4)坚韧性也可称作耐受力、压力忍耐力、自我控制、情绪成熟度、意志力等
分级	0 级:经受不了批评、挫折和压力 1 级:面对挫折时能够克制自己的消极情绪(如愤怒、焦急、失望等)或保持情绪的稳定 2 级:在比较艰苦的条件下或巨大的压力下坚持工作 3 级:能够有效控制自己的情绪,通过建设性的工作化解压力
主动性	
定义	(1)个人在工作中不惜投入较多的精力 (2)提前预计到事件发生的可能性,并通过有计划地采取行动提高工作绩效,避免问题发生,或者创造新的机遇 (3)主动性可以被称作决断力、前瞻性等

续表

主动性	
分级	0 级:需要他人督促才能完成工作。不能提前计划或思考问题,直到问题发生后才能意识到问题的严重性 1 级:在工作中自觉地投入更多的时间和精力 2 级:及时发现某种机遇或问题,并快速地做出反应 3 级:提前行动,以便创造机会或避免问题发生

第二节　华润经营管理职系胜任力模型

华润将经营管理职系要素分为三大类,分别为赢得市场领先(包括为客户创造价值、战略性思维、主动应变)、创造组织优势(包括塑造组织能力、领导团队、跨团队合作)、引领价值导向(包括正直坦诚、追求卓越)。

表 2-2　为客户创造价值(Creating Value for Customer)

定义	以客户为中心,研究并洞察其需求,不断驱动产品和服务的改善、创新,为客户创造价值,赢得忠诚的客户
级别	分级描述
1 级	提供满意的服务,响应客户的要求: (1)迅速响应,以真诚、负责的态度及时提供令客户满意的服务和产品 (2)当顾客提出问题时,以首问负责的态度花时间与精力为顾客处理问题
2 级	不断反思及改进对客户的服务: (1)主动反思产品和服务的问题,并提出改进措施。从客户提出的问题中,找出其背后制度和流程中的漏洞,并通过改进制度和流程,保障产品和服务的持续优化,根治问题 (2)和客户保持密切联系,以主动沟通、倾听客户声音等方式,去总结及反思对客户服务的改进
3 级	洞察潜在需求,超越客户期望: (1)基于对客户需求的深入研究,发现客户的潜在需求,通过额外的努力,完成对客户的服务,使客户感受到超出期望的服务质量 (2)根据客户的需求,在不增加客户的开支及不损失公司利益的前提下,提供超值的解决方案、产品或服务

续表

4 级	引领需求，创新价值： (1)前瞻性地预测客户需求可能的发展趋势，提前做出筹划，引领客户需求 (2)与客户缔结利益共同体，与客户建立长期的双赢战略伙伴关系，共同应对未来挑战，携手客户获得长期成功 (3)重塑产业价值链，为客户提供创新的增值服务

表 2-3 战略性思维(Thinking Strategically)

定义	面对各种情境，基于数据信息，运用多种思维方式，系统性地形成对业务的认识和判断，并最终做出有创意的战略性决策
级别	分级描述
1 级	指出联系，分清主次： (1)基于数据信息分析，看清行业、市场、产品、客户等不同因素之间的直接关联 (2)基于战略目标进行优先级判断，分清主次
2 级	深刻分析，发现规律： (1)运用结构性管理工具对行业、市场、产品、客户进行分析 (2)通过各种方式发现业务或行业规律①
3 级	全局思考，把握本质： (1)从全局的角度平衡各种因素的利弊，运用情景规划的方式思考不同战略的可行性，找出最佳战略 (2)在多变情境中，迅速抓住业务成败的核心因素，进行灵活的战略调整 (3)从多个维度进行思考，找到实现战略目标的杠杆解
4 级	洞察趋势，突破思维： (1)判断行业未来 3~5 年的变化趋势，进行突破性思考，指出战略方向 (2)颠覆性思考，创新商业模式，重新定义行业格局

① 这里提到的规律是指一些表面的周期性或常理性的现象或特点，如果是探讨现象背后的深层原因，则属于本质的探讨。

表 2-4 主动应变(Acting Proactively)

定义	预见未来可能存在的挑战或机遇,并且主动进行谋划布局,争取并整合资源,坚韧地致力于问题的解决
级别	分级描述
1 级	积极正向、直面问题: (1)主动思考每天日常工作中存在的问题,并采取相应的行动去解决 (2)以正向的心态看待日常工作的困难,直面问题,不退缩、不逃避
2 级	设定中长期行动目标,制订行动方案: (1)设定中长期目标,构思细化方案,考虑关键节点,并据此制订行动方案 (2)建立长期的监控机制,以保障方案的有效执行
3 级	灵活应变,坚定不移地完成既定的目标: (1)运用多种可行性方案,争取整合各种资源,坚定持久地采取行动 (2)在逆境中沉着应对、处理突发、复杂的事件,灵活改变工作计划,并有效推进工作,坚持达成原定的目标
4 级	预见机遇或挑战,果断决策: 在充分判断未来长期收益的基础上敢于果断做出决策,主动跳出现有运作框架,预见未来机遇或挑战。充分调动、组合所有可利用资源,以把握机遇或降低风险

表 2-5 塑造组织能力(Building Organizational Capability)

定义	根据企业整体战略、文化、价值观的要求,建立并持续优化、完善组织架构、业务与管理流程、团队人才发展机制等,落实战略、文化、价值观,提升组织能力,从而形成难以复制的竞争优势
级别	分级描述
1 级	以组织能力的视角看问题,局部改善调整: (1)当问题发生时,不仅仅是解决具体问题,而是通过组织架构、业务与管理流程、团队人才发展机制等角度进行局部调整,以避免问题再次发生 (2)调查、了解并思考组织在组织架构、业务与管理流程、团队人才发展机制等方面存在的问题
2 级	整体规划,系统地提升组织有效性: (1)规划并建立组织架构、业务与管理流程、团队人才发展等组织机制 (2)建立组织能力提升的动态调整和监督机制,如设定组织能力提升的目标,并定期持续评估和跟踪

续表

3 级	聚焦战略目标，建立战略中心型组织： （1）以战略为中心，构建组织架构、业务与管理流程、团队人才发展机制等，保持业务战略与组织建设的一致性 （2）深刻理解公司战略，时时督促和检查组织内的组织架构、流程、人才发展等机制是否符合公司战略要求
4 级	传播落实文化价值观、打造难以复制的组织优势： （1）深刻意识到公司文化、价值观的重要性，通过持续不断在组织内运用宣传贯彻、身体力行等方式，在组织内落实公司文化和价值观的要求 （2）打破组织壁垒和层级，推动建立独特的组织文化，如无边界沟通的跨组织协作文化、以集体反思为核心的组织学习文化等

表 2－6　领导团队（Leading Your Team）

定义	明确团队目标，建立规则和体系，实现团队有序运作，并激励团队，培养团队能力，有效提升凝聚力，最终打造高绩效团队
级别	分级描述
1 级	明确工作标准，时时监督反馈： （1）明确团队工作任务、目标及具体要求，并明确团队成员各自的任务及角色 （2）合理进行授权，对任务的执行过程进行检查，并给予反馈 （3）坚持绩效标准，赏罚分明
2 级	促进团队互动，创造学习氛围： （1）倡导团队合作，群策群力，鼓励团队积极互动 （2）分享经验，辅导队员间的合作，化解团队合作冲突 （3）为团队学习提供资源，创造有利的学习环境与氛围
3 级	优化团队运作机制，确保团队高效运作： （1）系统地评估、发现团队的薄弱之处，并采取措施加以改善，如优化团队配置等 （2）优化团队运作机制，如建立奖惩规则、协作流程制度等，并有效落实 （3）规划团队人才发展培养计划，建立人才梯队
4 级	凝聚团队灵魂，打造高绩效团队： （1）通过身体力行的方式，或通过象征性的事件，塑造、落实团队文化和价值观 （2）通过持续地描绘、阐述愿景和使命，不断感召、激励团队，营造高绩效的工作氛围 （3）采取多样的领导风格，针对不同团队成员的特点和不同工作情境的要求，灵活应对，打造高绩效的团队

表 2－7　跨团队合作(Collaborating across Team)

定义	尊重和认可跨团队的成员,并与之通力协作,提供相互支持与帮助,以实现资源共享,发挥组织的协同优势,提升核心竞争力
级别	分级描述
1 级	彼此尊重,相互学习: (1)尊重跨团队成员的多元化价值观与背景,认可他人的努力和成绩 (2)愿意向其他团队的同事学习,认真地向他们征求意见和建议 (3)积极主动地与其他团队的同事分享最佳实践,以求共同提高
2 级	相互支持,建立合作: (1)了解跨团队的资源分布情况,在工作中有意识地寻求跨团队的支持。同时,当其他团队需要支持时,亦提供帮助 (2)通过共享资源等方式,建立初步、临时的跨团队合作
3 级	不计较局部得失,化解冲突: (1)在处理协作出现的问题或矛盾时,保持沉着冷静,平衡灵活性和原则性,时刻关注整个集团的长远利益,而不计较自身利益的损失 (2)探求双赢方案,鼓励并引导化解跨团队合作中的利益冲突
4 级	建立持久合作机制,产生多元化协同效应: (1)通过不断协商、总结与反思等方式,创造多元化业务协作模式,建立持久的跨团队合作机制 (2)坚持集团视角,打破边界,产生多元化协同效应,形成集团核心竞争优势

表 2－8　正直坦诚(Acting with Integrity)

定义	做人坦诚,敢于讲真话,处事公正,坚持原则,以公司利益为先,不畏权威
级别	分级描述
1 级	遵守规则,坦率真诚: (1)遵循组织规则,做事规范 (2)坦率真诚,说真话,说实话,少有顾虑,能当面主动分享信息、观点和评价
2 级	处事公正,诚实可信: (1)待人处事公平、公正 (2)言行一致,遵守对他人的承诺
3 级	直面冲突,坚持原则: (1)面临冲突和分歧时,不回避矛盾,敢于表明并坚持个人观点,能够客观公正地做出决策 (2)面对利益诱惑时,坚守职业操守,不为所动
4 级	不畏权威,犯颜直谏: (1)为公司整体或长远利益考虑,即使可能危及个人利益或面临权威的巨大压力,仍勇于提出和坚持个人的不同意见 (2)当上级的言行失当,可能危害组织的利益或违背组织的原则时,敢于直谏

表 2-9　追求卓越（Driving for Excellence）

定义	勇于不断挑战自我，设定更高、更具挑战性的目标，突破与超越过去的成绩，积极主动地追求更加卓越的业务结果
级别	分级描述
1 级	乐业敬业，坚持高质量完成工作： （1）乐于接受工作安排或任务，愿意付出额外时间完成工作内容 （2）对于常规的事务性工作，不厌其烦，高标准、高质量完成
2 级	不满足于现状，持续改进以提高效率： （1）不满足于现状，主动思考工作中仍能提高的地方，并积极采取行动，付诸实践 （2）通过对工作程序、规章制度或工作方法等做出具体的改进，有效提高工作效率和质量，超越预期的业绩目标
3 级	迎难而上，主动设定或承担挑战性目标： （1）主动为自己订立具有挑战性的目标并积极采取具体行动去实现目标 （2）勇于迎难而上，主动带头承担公司所设定的挑战性目标，为其他团队成员起模范带头作用
4 级	挑战不可能的任务，颠覆性超越自我： （1）即使在看似不可能达成的情况下——如超越或引领世界或行业顶级水准，仍勇于承担风险，同时积极投入必要的精力与资源，缜密分析风险点与详细计划，全力行动，以求最大可能地达成所追求的目标 （2）不迷信权威，不受制于自己已经取得的成就，勇于颠覆性突破及超越自我

第三节　深圳某高科技企业胜任力模型建设

深圳某高科技企业是一家生产规模、科研创新能力、核心竞争力等均居行业前列的现代化大型综合包装产业集团，集团主营业务为高端包装印刷品和包装材料的研发生产，主要产品是烟标、酒盒、高端电子产品和生活用品的包装及相关配套材料。该企业在行业率先推出创意设计和包装整体解决方案，成功研发了镭射全息转移防伪纸和转移膜等新型材料，突破应用于包装印刷领域。受该企业的委托，我们帮助该企业进行了市场管理职位族、技术职位族、营销职位族胜任力模型建设。

在该企业建立胜任力模型的过程中,我们的操作思路如下:

(1)根据公司战略定位,采用战略演绎法找出公司核心能力,并对应到不同职位族和职系。

(2)针对每个职位族和职系分别找出工作业绩排名前10位的员工进行行为事件访谈(Behavioral Event Interview,BEI),找出绩优的相关信息及标准。

(3)从访谈信息中找出可供分析的资料,并对资料进行编码、归类、命名。

(4)统计各个职位族和职系出现频率较高的关键胜任力要素。

(5)对频率最高的几种胜任力要素进行分级,并提供每个级别的行为说明。

一、深圳某高科技企业胜任力模型

表2-10　深圳某高科技企业胜任力模型

职位族	职系	胜任力要素		
		能力项目	素养项目	知识项目
管理职位族	经营管理职系	战略规划与实施能力、创新能力、人才培养、学习能力	大局意识、成就导向	公司文化、行业基础知识、公司战略知识
	职能管理职系	人才培养能力、评估下属能力、计划能力、目标管理能力、过程控制能力	大局意识、目标导向、结果导向、团队精神	公司文化、公司流程与制度、人力资源知识、组织管理知识、财务管理知识
	项目管理职系	项目管理能力、任务分解能力、任务实施能力、过程控制能力、冲突管理能力	大局意识、团队合作、结果导向	公司文化、公司流程与制度、项目管理知识

续表

职位族	职系	胜任力要素		
		能力项目	素养项目	知识项目
技术职位族	研发技术职系	产品设计能力、资源整合能力	责任心、学习意识、团队合作	公司流程与制度、硬件知识、软件知识、结构知识、研发项目管理知识
	工艺技术职系	产品实现能力、资源整合能力、团队合作	责任心	公司产品及供应流程与制度、产品知识
	品质技术职系	品质保障能力、品质数据分析能力	坚韧性、责任心、主动性	公司品质流程与制度、ISO9001、产品知识、工艺知识
	设备技术职系	设备保障能力、专业技术能力	主动性、责任心	公司设备流程与制度、设备知识、产品知识、工艺知识
营销职位族	品牌管理职系	竞争对手信息收集与分析能力、品牌策划与实施能力	服务意识、结果导向	公司文化、公司品牌管理流程与制度、品牌策划与传播知识、行业基础知识
	市场推广职系	市场信息收集与分析能力、市场活动策划与实施能力	结果导向、客户导向	公司文化、公司市场推广流程与制度、市场营销知识
	销售管理职系	市场信息收集与分析能力、业务关系建立与维护能力、订单管理能力、产品设计开发支持能力	客户导向、自我控制	公司销售管理制度、产品知识、公司文化、市场营销知识、客户服务知识、商务礼仪知识、客户管理知识
	客户服务职系	客户满意度信息收集与分析能力	客户导向、服务意识、自我控制	公司客户服务流程与制度、客户关系管理知识、客户服务知识、客户满意度管理知识

二、深圳某高科技企业管理职位族经营管理职系胜任力模型

表2-11 战略规划与实施能力

定义	研究全局性、长远性和根本性认识规律的思维方式，是人们分析和解决宏观性、前瞻性、政策性等重大战略问题的立场、观点和方法
级别	分级描述
0级	缺乏全局长远意识：生活、工作中缺乏长远规划，不清楚工作和生活的长期发展目标，仅从自身的角度去考虑分析问题，对外界环境的变化不敏感
1级	认同他人制定的目标：能够认同公司为其制订的工作规划，调整个人目标确保个人目标与集体目标的统一，在工作中不会通过伤害集体目标的方式来实现其个人目标
2级	主动设定工作方向：能够主动确定团队的发展方向，并能够在设立或调整团队与个人目标的时候，确保其能够支持公司的远景目标与使命的实现
3级	调整工作行为：能够不断地调整工作行为以适应公司价值观、使命、愿景和战略目标的要求
4级	思想的领跑者：在工作中能够对市场、行业的发展有独到观点并能通过系统、严谨的分析来支持其观点的成立

表2-12 创新能力

定义	在工作过程中具有敢于突破以往经验束缚的精神，通过创造或引进新观念、新方式，提高工作绩效的能力
级别	分级描述
0级	因循守旧：对信息持封闭心态，不愿意接受新思想和新方法，在工作中经常以坚持以往的经验和知识为准，循规蹈矩，不允许有任何创新想法
1级	借用其他领域的方法：在工作中能够参照、引进行业领域以外的观点与方式，并在工作中予以应用
2级	敢于突破经验的束缚：能够主动收集、了解业内最新动态和发展方向等信息，敢于突破以往获得的知识和经验的框架，提出与众不同的新观点、新见解和新方法
3级	培养创新性：积极营造创新氛围，鼓励他人在工作中提出解决问题的新方法和新观点，善于吸收和利用他人的新方法和新观点进行创新
4级	大胆寻求突破：敢于承担风险去根据工作任务的特点制定新政策、采取新措施和尝试新方法

表 2-13　人才培养能力

定义	根据公司发展需要，结合员工个人特点、职业发展方向与目标，提供学习和培训等各种锻炼机会使员工不断成长
级别	分级描述
0 级	漠视下属的培养：焦点放在做好自己的工作上，使自己成为良好的典范，却不为下属提供具体的支持与帮助，很少针对下属存在的问题给予反馈，对下属的表现不关心、不过问
1 级	解决下属的工作困难：当下属在工作中遇到困难寻求支援时，能够给予详细的指导或示范说明，为下属提供具体的支持和帮助，说明如何解决困难，但是不会主动、有预见性地在下达工作任务之前为下属进行系统性培训
2 级	系统性地指导下属工作：能够主动在给下属下达工作任务时，给予下属包含道理或理论基础在内的系统指导，或为下属提供额外的信息、工具、方法、建议等，确保下属的工作更顺利地完成
3 级	有针对性地培养员工：能够主动地根据下属的不同特点与技能水平为其制订发展计划和安排工作任务
4 级	创造发展空间：为下属创造合适的发展空间，并充当下属的职业生涯发展的导师，真正以发展下属为己任

表 2-14　学习能力

定义	在工作过程中积极获取与工作有关的信息和知识，对获取的信息和知识进行加工和整理，并就工作经验、技巧与他人进行讨论与分享，从而不断地更新自己的知识结构，提高自己的工作技能
级别	分级描述
0 级	不愿意学习：满足于已有的知识结构与内容，不愿意更新，同时在工作中也不愿意与他人进行经验与专业知识的交流
1 级	被动学习：在工作中能够在上级的要求和督促下参加培训与经验交流活动，但如果采取自愿报名参加的方式则多数情况下不会主动报名参加
2 级	主动学习：能够根据自身需要主动制定自己的学习目标与学习计划，并采取行动实现学习目标以提高自身能力水平，并且愿意与他人在工作经验方面进行沟通交流
3 级	创建学习型组织：能够通过知识、经验共享等活动来组织群体性的学习，实现团队成员的共同成长与进步
4 级	学以致用：能够深入、系统地学习当前最新的知识和技术，或对工作中的技巧和经验进行系统的整理、总结、提炼，使这些知识和经验、技巧为企业发展提供有力的支持

表 2－15　大局意识

定义	能够站在集团或公司的角度来考虑整体问题与平衡整体利益的意识
级别	分级描述
0 级	站在自己的立场思考问题，毫无团队精神及大局观
1 级	站在部门的立场思考问题，协助部门目标顺利达成
2 级	能够从公司的角度来完成公司对部门的使命要求，同时能够兼顾公司的整体利益与长期发展需求
3 级	能够从集团的角度来完成集团对公司的战略使命要求，同时能够兼顾集团的整体利益与长期发展需求
4 级	能够全面考虑集团的整体发展需求，同时能够兼顾集团的长期利益与发展需求

表 2－16　成就导向

定义	不满足于现状，对成功具有强烈的渴求，在工作与生活中能够克服各种障碍，达成自己设定的目标，从而实现自身的价值
级别	分级描述
0 级	满足于现状：个人的发展目标不明确，无个人抱负，极易满足，在工作上漫不经心，抱着只符合基本工作要求的想法
1 级	想要把工作做好：想要努力工作以符合工作标准的要求，尝试想要把工作做对与做好，偶尔对于浪费与无效率显现沮丧（如抱怨时间浪费和想要做得更好），但没有实质性进步
2 级	工作结果符合他人为其设定的标准：工作上能够符合上级或公司为其设定的标准要求（如按预算标准开展工作、完成既定销售目标、产品品质达到品质标准等）
3 级	自己设立衡量优异的标准：自己设定用来衡量优异工作产出的标准，而不是一套来自上级管理要求的工作标准，并且自己设定的工作标准通常会高于上级管理要求的工作标准，主要体现在费用、质量、时间效率管理等方面
4 级	自己设定挑战性的工作目标：能够自己设定并达成具有极高挑战性的工作目标。挑战性是指有 50% 的把握是确实可以达成的，即虽然目标难度高，但却不是不可能达成的目标

三、深圳某高科技企业技术职位族研发技术职系胜任力模型

表 2-17　产品设计能力

定义	通过利用多种专业技术手段，体现产品创意理念，完成产品设计，满足客户需求的能力	
级别	分级要项	分级描述
1 级	掌握相关知识	掌握色彩基础、印刷工艺、色彩原理、品牌管理等相关知识
	图案处理	能够按照上级的要求对图案素材进行提炼、加工、处理并形成可应用的图案
2 级	图案处理	能够独立地对素材进行提炼、加工、处理并形成可应用的创新图案
	图案设计	能够准确地将创意理念用图案进行表现，所表现出的图案能够直接在设计产品中应用
	创意表现	能够准确地将创意理念予以表现，表现成果的内部评审通过率不低于 50%
3 级	图案处理	能够独立地对素材进行提炼、加工、处理并形成行业内有影响力且被出版物刊登的图案
	图案设计	能够快速、准确地将创意理念用设计图案予以表现，表现成果的内部评审通过率不低于 70%，且在认证周期内至少有一次的表现成果能通过客户评审
	品牌诠释	能够对设计的产品中所包含的品牌含义、目标消费群体特性等进行阐述与讲解
4 级	色彩设计	能够根据产品特性进行色彩设计，并形成产品的标志性色彩
	品牌推广	能够将品牌理念形成文案，为客户提供推广建议或方案

表 2-18　资源整合能力

定义	通过收集公司内外部技术资源信息，强化、利用公司内外部各种设计、创意资源，不断完善公司的设计创意技术储备，为公司设计技术能力的提高提供支持的能力	
级别	分级要项	分级描述
1 级	掌握知识	能够掌握信息管理知识
	信息收集	能够按照上级要求定期从指定渠道收集市场、客户及竞争对手的相关信息，予以总结，并与同事共享
	信息整理	能根据上级的安排，独立转化结构相对简单的图纸、产品信息，或对相关图书资源、产品资源进行加工整理，为公司信息库提供支持

续表

2 级	信息分析	能够主动地收集、分析市场流行趋势、客户及竞争对手的相关信息,并与同事分享
	经验总结	能够对成功产品的创意、设计过程进行收集,为公司建立资源库提供支持
3 级	信息分析	能够收集、分析、总结色彩、包装设计的流行趋势及未来行业发展方向,并与同事进行分享
	经验总结	能够对成功产品的创意、设计过程进行总结,并能通过沟通、讲演等实现设计资源共享
4 级	经验总结	能够对行业内的优秀作品进行总结分析,并对公司内部相关人员进行讲解

表 2-19　责任心

定义	反映了一个人对待自己工作和生活的态度,能认真、全面、及时、不打折扣地完成各种目标的程度
级别	分级描述
0 级	被动接受任务:对自己的工作职责范围不清楚,经常无法按时完成职责范围内的工作任务
1 级	接受任务:对职责范围内的工作任务,不推托、不讨价还价,能及时响应工作安排
2 级	落实完成:能够对职责范围内的工作进展情况及时进行核查,并对工作中发现的问题采取必要的行动,以保证工作按要求或标准完成
3 级	尽职尽责:在工作中,面临需要同时处理职责内和职责外的任务时,能够主动采取应对措施,确保不因职责外的任务而影响职责内工作任务的按时完成,并能够不以职责外的工作负担作为解释未完成职责内任务的理由
4 级	敢于承担,主动负责:能够主动、公开地承担本职工作中的责任问题,并及时、主动地采取补救、预防措施,防止类似的问题再次发生

表 2-20　学习意识

定义	在工作过程中积极地获取与工作有关的信息和知识，对获取的信息进行加工和理解，并就工作经验、技巧与他人进行讨论与分享，从而不断地更新自己的知识结构、提高自己的工作意识
级别	分级描述
0 级	不愿意学习：满足于已有的知识结构与内容不愿意更新，同时在工作中也不愿意与他人进行经验与专业知识的交流
1 级	被动学习：在工作中能够在上级的要求下参加培训与经验交流活动，但如果采取自愿报名参加的方式则多数情况下不会主动报名参加
2 级	主动学习：能够根据自身需要主动制定自己的学习目标与学习计划，并采取行动实现学习目标以提高自身能力水平，并且愿意与他人在工作经验方面进行沟通交流
3 级	创建学习型组织：能够通过知识、经验共享等活动来组织群体性的学习，实现团队成员的共同成长与进步
4 级	学以致用：能够深入、系统的学习当前最新的知识和技术，或将工作中的技巧和经验进行系统的整理、总结、提炼，使这些知识和经验技巧为企业发展提供有力的支持

表 2-21　团队合作

定义	以组织整体利益为己任，建立、维护并运用高效的组织，并与组织中的其他人保持良好合作关系，充分利用组织资源、与组织成员分享工作成果的协作意识
级别	分级描述
0 级	不愿意合作：在集体活动中个人意识强，不喜欢与他人合作或与他人合作困难，一切从个人利益出发，不愿意听从他人意见，一意孤行，喜欢独享集体成果
1 级	信息共享：能够通过信息的共享来为团队决策提供支持，并能够及时与团队成员交流团队内发生的事情，使团队成员及时了解团队取得的成绩与不足
2 级	信任团队：对团队其他成员的能力和贡献抱着积极的态度，能够用积极的口吻评价团队成员，评价他人提出的意见和经验的价值。愿意在做决定或计划前征求团队成员的意见和建议
3 级	鼓励与授权：当他人做出贡献或实现目标时能给予公开的表彰和鼓励，并在工作中通过一定的授权使他人感觉到自己的重要性，从而发挥更大的作用
4 级	解决冲突：能够以实际行动倡导良好的团队氛围，鼓舞士气，及时解决或缓解团队中出现的矛盾和冲突，维护及提升团队荣誉

四、深圳某高科技企业技术职位族工艺技术职系胜任力模型

表2－22　产品实现能力

定义	能够通过对工艺技术的综合运用，将产品设计完美呈现的能力	
级别	分级要项	分级描述
1级	掌握相关知识	掌握印刷设备的性能、产能及特性；常用的制版；常用的各种印刷材料特性；公司各种产品的生产工艺流程；包装美感构成要素等相关知识
	工艺记录	能够在参与工艺技术会议时，记录工艺讨论内容与结果，并形成会议记录
2级	工艺开发	能结合新产品的设计效果进行印刷工艺选择与工艺路径安排
	工艺设计	能够根据材料特性对新开发产品进行工艺设计，并保障设计效果的完美体现
	设计效果保障	能够通过样张与设计效果的比对，提出用色优化建议
3级	工艺优化	能够独立根据公司设备的工艺优势设计产品的工艺优化方案
	工艺技术应用	能够主动地在综合考虑生产成本、印刷效果等因素的基础上应用防伪技术，提高公司产品的技术壁垒
	设计效果体现	能够根据设计效果提出用色方案，确保设计效果的准确体现
4级	制版优化	能够独立从审美的角度出发，结合设计效果，提出制版的优化方案，使设计效果完美体现
	设备优化	能够结合设计效果，对公司设备提出优化方案，保证设计效果的完美体现

表2－23　资源管理能力

定义	通过收集公司内外部技术资源信息，强化公司内外部各种工艺技术资源，不断完善公司的工艺技术储备，为公司的工艺技术能力提升提供支持	
级别	分级要项	分级描述
1级	掌握相关知识	能够掌握信息管理、资源开发等方面的相关知识
	信息收集	能够在上级的要求下，收集社会流行色彩、行业技术发展等信息，为公司信息库的建立与完善提供支持

续表

2级	信息共享	能够收集社会流行色彩、行业技术信息、行业内的优秀作品等，并与同事及时分享
	经验总结	能够总结工艺设计案例的工作经验，并与同事及时分享
3级	信息共享	能够收集社会流行色彩、行业技术信息、行业优秀作品等信息，进行总结分析，并与同事及时分享
	经验总结	能够总结工艺改进、工艺优化案例的工作经验，并与同事及时分享
4级	工艺预测	能够对行业未来的工艺发展趋势进行预测，并主持相应的技术研究，确保公司工艺技术的持续领先

表2－24　团队合作

定义	以组织整体利益为己任，建立、维护并运用高效的组织，并与组织中的其他人保持良好合作关系，充分利用组织资源、与组织成员分享工作成果的协作意识
级别	分级描述
0级	不愿意合作：在集体活动中个人意识强，不喜欢与他人合作或与他人合作困难，一切从个人利益出发，不愿意听从他人意见，一意孤行，喜欢独享集体成果
1级	信息共享：能够通过信息共享为团队决策提供支持，并能够及时与团队成员交流团队内部发生的事情，使团队成员及时了解团队取得的成绩与不足
2级	信任团队：对团队其他成员的能力和贡献抱着积极的态度，能够用积极口吻评价团队成员，评价他人提出的意见和经验的价值，并愿意在做决定或计划前征求团队成员的意见和建议
3级	鼓励与授权：当他人做出贡献或实现目标时能给予公开的表彰和鼓励，并在工作中通过一定的授权使他人感觉到自己的重要性，从而发挥更大的作用
4级	解决冲突：能够以实际行动倡导良好的团队氛围，鼓舞士气，及时解决或缓解团队中出现的矛盾和冲突，维护及提升团队荣誉感

表 2－25　责任心

定义	反映了一个人对待自己工作和生活的态度，能认真、全面、及时、不打折扣地完成各种目标的程度
级别	分级描述
0 级	被动接受任务：对自己的工作职责范围不清楚，经常无法按时完成职责范围内的工作任务
1 级	接受任务：对职责范围内的工作任务，不扯皮、不推托、不讨价还价，能及时响应工作安排
2 级	落实完成：能够对职责范围内的工作进展情况及时进行核查，并对工作中发现的问题采取必要的行动，以保证工作按要求或标准完成
3 级	尽职尽责：在工作中，面临需要同时处理职责内和职责外的任务时，能够主动采取应对措施，确保不因职责外的任务而影响职责内工作任务的按时完成，并能够不以职责外的工作负担作为解释未完成职责内任务的理由
4 级	敢于承担，主动负责：能够主动、公开地承担本职工作中及本职工作以外的责任问题，并及时、主动地采取补救预防措施，防止类似的问题再次发生

五、深圳某高科技企业营销职位族销售管理职系胜任力模型

表 2－26　市场信息收集与分析能力

定义	根据销售目标及工作任务安排，通过多种有效途径收集市场、客户、竞争对手等信息，并对其进行归纳、整理、分析，从而为公司各项决策提供支持的能力	
级别	分级要项	分级描述
1 级	掌握相关知识	能够掌握公司信息收集与分析方面的规定及相关知识
	信息收集	能够在上级的指导下，从已经确定的信息渠道中收集基础市场信息，基础市场信息包括客户计划信息、客户开发信息、产品使用信息、客户人员调整信息、竞争对手及竞品等内容
2 级	信息收集	能够主动、独立地从现有信息渠道中收集整理公司所需要的市场信息，市场信息包括客户销售状况信息、客户产品动态信息、客户人事动态信息、竞争对手动态信息等内容
	信息分析	能够对公司主要关注点信息进行基本的分析，编写月度工作报告

续表

3 级	信息渠道建设	能够独立开发新的信息收集渠道，为公司收集到独特且准确的客户信息，并保证渠道的畅通与有效
	客户满意度分析	能够从营销业务人员工作改进方面进行客户满意度分析，并提出工作改进意见与建议
	信息分析	能够定期对市场信息进行综合分析判断，定期编写市场分析报告，并提出相关的应对建议
4 级	客户满意度分析	对客户满意度进行全面分析，提出整体方面改进建议
	信息收集	能够根据公司下达的特定信息需求，明确信息收集渠道、收集方法，组织信息收集，并确保信息及时、有效
	信息分析	能够定期对市场信息进行综合分析与判断，并提出营销规划策略，营销规划策略应当可操作且被公司采纳

表 2－27　业务关系建立与维护能力

定义	能够迅速摸清、掌握客户决策体系，并具有公关策划与实施的思维与思路，从而独立进行较全面而深入的关系突破与维护的能力	
级别	分级要项	分级描述
1 级	掌握相关知识	能够掌握人际沟通技巧、社交礼仪、客户关系管理方面的知识
	客户关系维护计划	能够在上级的指导下，定期制订并实施客户关系维护计划
	客户关系维护	能够在上级的指导下与所负责区域客户的基层关键部门人员保持良好的关系，建立并完善客户基层关键部门人员信息档案
2 级	客户关系维护计划	能够主动、独立制订并实施月度客户关系维护计划，计划包括公关时间安排、当期重点公关对象、公关措施和拟要达到的效果等内容
	客户维护总结	能够进行月度客户关系维护计划完成情况的总结，编写总结报告，总结报告包括公关措施实施效果评价、公关方法的总结和改进点等内容
	客户关系维护	能够独立与所负责区域客户的中层关键部门人员保持良好的关系，建立并完善客户中层关键部门人员信息档案

续表

3级	客户关系维护	能够独立与所负责区域客户的高层人员保持良好的关系，建立并完善客户高层人员信息档案
	客户开发	能够独立与新开发客户的中层关键部门人员建立良好的关系，建立并完善新开发客户中层关键部门人员信息档案
4级	客户关系维护	能够独立与所负责区域客户的决策层保持良好的关系，建立并完善客户决策层信息档案
	客户开发	能够独立与新开发客户的高层人员建立良好的关系，建立并完善新开发客户高层人员信息档案

表2－28　订单管理能力

定义	掌握订单处理流程及其中的各个关键点，并具有跟进与把控能力，对各环节出现的问题能独立或借力解决	
级别	分级要项	分级描述
1级	掌握相关知识	能够掌握公司产品生产工艺、生产流程等方面的知识
		能够掌握客户生产计划的下达流程及相关决策人
		能够掌握客户方的质检流程及各个环节的负责人
	生产进度跟踪	能够在上级的指导下，收集客户产品的生产和发货情况信息，并将信息及时向上级汇报
2级	信息获取	能够独立、及时地收集客户的生产计划信息，并向上级汇报
	生产进度协调	能够根据产品生产周期的变动，独立、及时地与客户进行沟通协商，减少客户的不满意行为
	品质交涉	能够保证产品的正常验收交货，并独立处理产品的一般性质量异议问题
3级	采购信息获取	能够独立、及时地获取客户方在年度产品产量分配、供应商供应量等采购方面的信息，并及时提出应对建议
	生产进度协调	能够在可预见的交期紧张的情况下，对两方生产及产能状况进行分析，并提前与客户进行有效沟通，尽量将可能出现的客户不满意行为消除在问题出现之前
	品质交涉	能够保证产品的正常验收交货，并在出现较重大事故时，能够独立地与客户方关键人员进行沟通协调，将公司损失与影响降低到最低程度

续表

4级	采购信息影响	能够通过对客户相关高层决策人员的公关,提高公司年度业务订单的获取量
	品质交涉	能够在产品出现重大质量事故时,独立与客户各层人员进行有效沟通与协调,尽量降低公司损失与不利影响
	经验分享	能够将客户沟通技巧方面的经验进行总结,并对公司内部业务人员进行培训

表2－29　产品设计开发支持能力

定义	能够准确挖掘、传递、把握客户产品需求及审美倾向,提高公司产品竞争力	
级别	分级要项	分级描述
1级	掌握相关知识	能够掌握公司设计开发流程等方面规定,以及产品设计、开发、打样方面的主要术语等知识
	评审意见收集	能够在上级指导下收集客户对新产品的评审意见,并及时向上级汇报
2级	评审意见收集	能够主动、独立地收集客户对新产品的评审意见,及时编写客户评审意见报告向公司汇报
	产品开发信息收集	能够主动、独立且及时地收集客户的年度产品开发计划,为公司设计部门的设计准备提供支持
3级	产品改进	能够根据客户对新产品的评审意见,提出可行的产品改进建议,且被公司采纳
	审美偏好把握	能够主动、独立地收集、分析客户关键人员的审美偏好,及时编写客户审美偏好报告,为公司设计人员提供设计支持
4级	设计支持	能够对客户需求和关键人物的审美倾向进行全面分析,并对产品创意与设计提出具体的设计要求和建议
	审美影响	能够把握并影响客户高层人员的审美倾向,提高公司产品的中标率

表 2－30 客户导向

定义	具有帮助或服务客户、满足客户需求的渴望，全力将努力的焦点放在发掘和满足客户的需求上。这里的客户既包括外部客户，也包括内部客户
级别	分级描述
0 级	只专注于自身能力：渴望让客户看到的事实，是以自身或公司的能力而非客户的需要为重点
1 级	提供最低程度的必要服务：对客户的问题给予立即但“未经准备”的回应，不刻意探究客户的根本需求或问题，也不了解客户所提问题的来龙去脉
2 级	承担个人责任：追随客户的需要与咨询，迅速解决客户所提出的问题，对客户表现出责任感
3 级	解决潜在需求：充分了解客户的业务范围，以此了解客户现实的与潜在的需要，并能有针对性地提供与之相应的产品与服务
4 级	做客户的业务伙伴：主动参与客户的决策过程，针对客户的工作提供专业的建议，保证客户取得最佳利益

表 2－31 自我控制

定义	在工作或者生活中遭受阻力、敌意、压力时，能够保持冷静、清醒的头脑，抑制负面情绪及行动
级别	分级描述
0 级	失去控制：当遇到压力或者阻力时，个人情绪会干扰工作效率，表现出挫折感或其他负面情绪；在承受压力的情况下，与下属、同事或客户交涉时有不恰当的举措；在压力下崩溃
1 级	控制情绪：当产生挫折或压力等情绪后，仍然可以控制自己的情绪，但是没有采取进一步的具有建设性的行动来缓解挫折与压力
2 级	反应冷静：当产生挫折或压力等情绪后，可以控制自己的情绪，并能保持冷静地继续进行讨论或者采取其他方法处理自己的情绪
3 级	有效管理压力：能够使用压力管理技巧来控制自己面对压力与挫折时的情绪，避免崩溃，有效排解压力
4 级	以具有建设性的方法响应：在压力非常大的情况下，能够控制自己的情绪或压力，并采取行动针对产生压力或阻力的问题来源进行正确处理

第二篇　胜任力模型开发

既然胜任力模型在现代企业人力资源管理领域如此重要，那么企业如何才能开发出一套适合自己发展战略、业务特征、企业文化及核心能力的胜任力模型呢？

目前市面上胜任力模型开发的方法有很多，如行为事件访谈法、战略演绎法、外部标杆分析法、最佳实践法、问卷调查法、关键绩效分析法、头脑风暴法、核心员工访谈法、专家小组研讨法等，但这些方法大都存在一定的局限性。由于不同的企业所处行业和发展阶段不同，其战略规划、业务选择、价值创造模式、文化主张、员工队伍素质、企业管理成熟度等也存在巨大差异，胜任力模型必须从企业实际出发、量身定制才具有指导意义。

我们认为不同胜任力要素的来源是不同的。我们通常把能力要素分为核心能力和基本能力。核心能力来源于企业发展战略，每家企业的战略选择不同，战略实现的核心能力就有异，因此必须围绕战略实现识别和规划核心能力项目；而基本能力则由于职位族或者职系的不同，需要识别完成本职位族或职系职责（角色、目标）必须具备的一些基础技能。同样，素养也分为两类，即核心素养和基本素养。核心素养来源于企业文化，每家企业的文化价值不同，对员工的素养要求也是不同的，因此核心素养必须在对企业文化核心价值理念进行系统梳理的基础上做出定义;而基本素养与基本能力项目类似,也需要根据不同职位族或者职系所承担的职责(角色、目标)来识别。另外,知识项目分为基本知识和专业知识。基本知识是指企业所处行业、企业产品(服务)、企业文化、企业相关流程(制度)等方面相关知识,是全体员工都必须具备的;而专业知识则需要根据不同职位族或者职系所承担的职责(角色、目标)单独识别。在企业,无论是基本知识还是专业知识,其来源都只有一个,那就是企业的业务蓝图。

综上所述,企业要想建立符合自身实际的胜任力模型,就必须按照企业发展战略、文化特征及业务蓝图展开。

第三章　能力要素开发

如本书第一章中图 1 – 3 所示，企业要想使员工产生良好的工作行为，首先应要求员工具备相应的技能。企业在进行能力要素开发时，为了满足战略需要：一方面要根据公司战略定位识别和规划战略实施需要具备的核心能力，如资源开发与整合能力、人力资源开发能力、资本运营能力、产品创新能力、产品开发及运营能力、品牌传播能力等核心能力；另一方面要结合不同职位族或者职系的特征，识别和规划满足这些职位族或者职系日常工作必须具备的一些基本能力，如执行能力、学习能力、领导能力、计划能力等。

第一节　核心能力要素开发

战略决定企业做正确的事情。企业战略管理是指企业确定其使命与愿景后，根据组织外部环境和内部经营状况设定企业的战略目标，为保证目标的正确落实和实现进行谋划，识别和打造需要具备的核心能力，并依靠企业内部的力量将这种谋划和决策付诸实施以及在实施过程中进行控制的一个动态管理过程。

一、什么是核心能力

核心能力要素正是来源于企业战略实施的需要，核心能力理论告诉我们，企业只要在少数关键技能领域取得领先地位，便可以获得持续竞争优势，最终取得成功。

所谓核心能力，是指企业内部一系列互补的技能和知识的组合，是具有一项或多项业务达到竞争领域领先的能力。

美国康奈尔大学的斯奈尔教授提出了核心能力的四项标准：

（1）价值。价值＝收益/成本，即企业获取并持续拥有这项因素的收益与成本之比必须大于1，否则企业得不偿失，因此价值标准位列四个标准之首。

（2）独特性。独特性＝社会的复杂性＋原因的模糊性，即企业的核心所具有的独特性是由复杂的社会和种种机缘巧合形成的，因此复制或模仿的可能性很小，一旦企业拥有了这项能力，竞争对手在短时间内难以模仿。

（3）持续学习。学习＝经验×挑战，组织是通过持续学习才获取该项核心能力的，即组织经历学习—接受新挑战—积累新的经验—学习……这个无限循环的过程，而该过程有助于组织获得持续的竞争优势。

（4）可扩展性。该项核心能力的内容可以不断更新，企业应用该项核心能力时，可以因地制宜、因时制宜、因人制宜，灵活应用。

战略管理大师迈克尔·波特认为，有效的战略管理必须具备五个关键点：独特的价值取向、为客户精心设计的价值链、清晰的取舍、互动性、持久性。

美国历史上最伟大的总统亚伯拉罕·林肯曾经说过：如果知道我们现在在哪里，并知道我们是如何到达这里的，就可以看出我们将走向哪里——如果我们正走向不可接受的结果，就应该及时改变我们的方向。亚伯拉罕·林肯的这句话真正道出了企业战略的重要性以及如何进行企业发展战略规划。

根据多年的咨询实践，我们把企业的战略定义为：

（1）满足顾客某种至关重要的需求。

（2）以优于竞争对手的方式加以执行。

（3）持续保持这种优势。（需要具备哪些核心能力？竞争优势如何保持？竞争优势能够保持多久？）

为了使企业发展战略清晰，并保证落地实施，我们认为企业战略规划只要能够解决以下问题即可：

（1）我们将要去哪里？我们要成为什么？（愿景、任务、目标）

（2）我们现在在哪里？（外部经营环境分析、内部环境分析）

（3）顾客是谁？顾客的至关重要的需求是什么？企业产品可以为顾客提供至

关重要需求的点在哪里？如何快速实现？（客户定位、客户需求识别、产品线规划、产品开发）

（4）我们将如何去到那里？在哪个方面可以领先竞争的对手？具体做法是什么？（战略定位、竞争战略、职能战略、实施策略及计划）

（5）需要具备哪些核心能力？竞争优势如何保持？竞争优势能够保持多久？（核心能力）

（6）如何评价我们始终在正确的路上？（战略评价与检讨）

请注意，为了让企业“持续保持这种优势”，企业必须清楚地知道自己“需要具备哪些核心能力”，因此企业核心能力开发在胜任力模型开发中就显得非常关键！

二、核心能力要素开发的基本方法

1. 愿景描述：确定方向

对于任何企业而言，愿景都是其发展蓝图，是其永远为之奋斗并期望达到的场景。企业愿景一旦确定，就需要企业全体成员将其作为终极目标去追求。描述愿景就是要解决这样一个最基本的问题：我们要成为什么？我们将要到哪里去？未来会成为什么样？

2. 战略分析：认清环境

企业有了清晰的愿景描述之后，客观认知现在所面临的经营环境，认清企业现在所处的位置是非常必要的。

“在任何场合，企业的资源都不足以利用它所面对的所有机会或回避它所受到的所有威胁。因此，战略基本上就是一个资源配置的问题。成功的战略必须将主要的资源用于利用最有决定性的机会。”美国原国防部部长威廉·科恩如是说。

企业经营环境的分析主要有两个维度，即外部环境分析、内部环境分析。

3. 顾客画像：明确需求

在清晰经营环境的前提下，企业必须对自己的顾客进行明确定位，并根据顾客“某种至关重要的需求”规划自己的产品线及服务模式，确保顾客黏性，长期为顾客解决痛点。

4. 竞争战略：锁定目标

企业的战略是要在一个复杂、多变的环境中去实现的。明确顾客定位后，企业还需要确定主要竞争对手,只有这样才能保证战略实现。这就是我们通常所说的竞争战略。

竞争战略的制定需要秉承“锁定法则”,具体来说,就是要确定谁是主要竞争对手,找准重点、锁定目标,而不是草木皆兵,把所有的同行企业都当成自己的对手来看待。

清晰并成功锁定竞争对手之后,企业就要采取出其不意、攻其不备等手段,确定自己的竞争战略,一般来讲,企业的竞争战略包括基础竞争(如规范化管理竞争)、条件竞争(如资源竞争)、市场竞争、人力资源竞争、标杆竞争(如学习竞争)、差异化竞争(如创新竞争、产品竞争、渠道竞争)、无差异竞争(如价格竞争)等。

竞争战略的确定要始终坚持两个基本原则:其一,天下武功唯快不破;其二,进攻是最好的防守!

5. 职能战略:分解目标

管理学大师彼得·德鲁克说过:经营目标可以被比作轮船航行用的罗盘。罗盘是准确的,虽然在实际航行中,轮船可以偏离航线很远,但如果没有罗盘,航船既找不到它的港口,也不可能估算达到港口所需要的时间。

可见,目标对于企业战略实施和经营的重要性,没有目标的战略不能称为战略。没有目标的企业就如脚踩西瓜皮,溜到哪里算哪里。

在企业战略实施的过程中,还需要对目标进行分解,如新产品研发、集成供应链及生产制造、市场营销、财务投资、人力资源等,这就是我们通常所说的职能战略。

美国战略管理专家弗雷德·R. 戴维教授认为,在职能战略确定和目标分解的过程中,企业必须关注年度经营计划、制定政策、调整现行组织结构、企业改组和流程再造、员工激励计划、管理变革、管理者对战略的适应能力、培训支持新战略的企业文化、调整生产作业过程、发展有效的人力资源功能等管理问题,还需要关注市场营销(包括市场细分、产品定位、品牌管理、销售管理、价格管理等)、财务管理(包括资金管理、预算管理、会计核算等)、研究与开发、信息系统管理等问题。

6. 核心能力:实施基础

俗话说得好:“工欲善其事,必先利其器。”实施战略之前,企业需要充分规划战略实施必须具备的一些核心能力，如果这些核心能力不具备，即便是再好的战略也是空中楼阁，无法实施。

7. 经营计划：战略落地

年度经营计划既是企业中长期发展战略规划在特定经营年度的构成部分，也是对公司中长期发展战略规划的细化。制订科学合理的年度经营计划，并保证按照年度经营计划有效实施，是企业发展战略实现的保障和基础。

企业发展战略的实现就像是一场马拉松比赛，漫长而艰苦，如果企业不能学会战略分解和分步实施，大家很可能就会因为目标遥不可及而选择放弃。年度经营计划可以很好地帮助企业进行战略目标分解，企业在保证每年目标都实现的基础上，整体发展战略就会水到渠成、顺利实现了。

8. 目标绩效：实施衡量

任何一项工作，一旦离开了评价和衡量，就会变得没有办法去跟踪，企业战略实施也不例外。所以建立完善的目标绩效管理体系是保证公司战略和年度经营计划落地并顺利实现的关键。

【案例3-1】 山东质德农牧集团核心能力规划

山东质德农牧集团是一家以母猪饲料为核心业务，打通种植、饲料、种猪繁殖、育肥养殖、屠宰、加工、餐饮等全产业链的集团公司。为了践行“质领饲界、德润全球”的企业使命，打造“科技质德、生态质德、服务质德、幸福质德”的企业愿景，实现未来5年超过60%的年均增长速度，我们帮助该集团识别了八大核心能力，如表3-1所示：

表3-1 质德农牧集团八大核心能力

核心能力项目	核心能力说明
积极拥抱变化的能力	宏观及行业政策研究分析、行业发展趋势研究、战略规划及实施
持续产品创新能力	工艺创新、功能性产品开发、非常规原料应用、常规原料性能评价、成本控制
客户开发与运营能力	销售模式创新、客户培训能力、客户服务能力、持续合作能力、技术服务
产品品质管控能力	品质体系建立、产品品质控制、全价值链品质追溯体系

续表

核心能力项目	核心能力说明
规范工厂运营能力	产能扩张能力、计划控制能力、安全环保、精益生产
供应链运营能力	供应商开发能力、原料行情研判及决策、新原料开发能力、采购谈判能力、采购计划管理能力、账期管理、供应商满意度管理
资本运营能力	财务规范能力、风险控制、资本运营
人才储备与培养能力	员工评价与激励、员工成长与发展、员工培训体系建设、关键岗位人才储备

【案例3-2】 兰州宝丰实业集团核心能力规划

兰州宝丰实业集团是一家涵盖地产开发、建设、物业、商业、酒店、康养、商贸物流等业务的大型集团企业，集团定位围绕客户“吃、住、购、娱、游、康、教”需求打造“+美好生活生态圈”，为了确保该集团战略圆满实现，我们帮助该集团规划的核心能力，如图3-1所示：

核心能力及成长轨迹规划（见表3-2）不仅为该集团明确了核心能力及构成，也明确了核心能力成长速度，这对该集团胜任力模型建设提供了明确的要求。

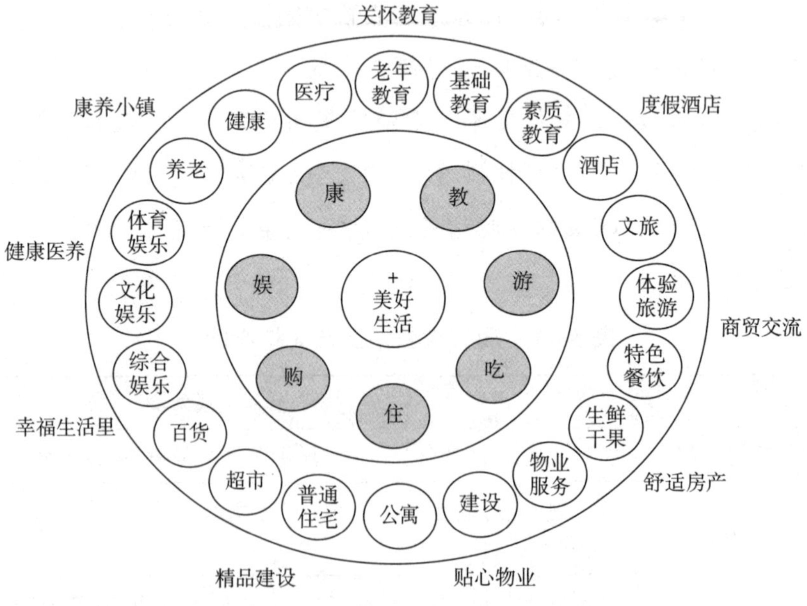

图3-1 兰州宝丰实业集团“+美好生活生态圈”（示意）

表 3-2　兰州宝丰实业集团"+美好生活生态圈"核心能力及成长轨迹规划

核心能力项目	核心能力说明	核心能力成长规划				
		2019 年	2020 年	2021 年	2022 年	2023 年
战略规划及实施能力	企业发展战略规划	2.0 分	3.0 分	3.5 分	4.0 分	4.5 分
	年度经营计划制订	2.5 分	3.5 分	4.0 分	4.5 分	5.0 分
	年度经营计划评价	2.0 分	4.0 分	4.5 分	4.5 分	5.0 分
	经营计划动态管理	3.0 分	4.0 分	5.0 分	5.0 分	5.0 分
产业资源整合能力	产业资源规划	2.5 分	3.5 分	4.5 分	5.0 分	5.0 分
	产业资源开发	3.0 分	4.5 分	5.0 分	5.0 分	5.0 分
	产业资源管理	2.5 分	3.5 分	4.5 分	5.0 分	5.0 分
	产业资源评价	3.0 分	4.5 分	5.0 分	5.0 分	5.0 分
跨区域多项目运营能力	区域运营中心定位	3.0 分	4.0 分	4.0 分	5.0 分	5.0 分
	区域运营流程优化	2.5 分	3.0 分	4.0 分	4.0 分	5.0 分
	区域运营计划管理	3.0 分	4.0 分	5.0 分	5.0 分	5.0 分
	区域运营绩效评价	3.0 分	3.5 分	4.0 分	4.5 分	5.0 分
人才培养及发展能力	人才需求规划	2.0 分	3.0 分	3.0 分	4.0 分	4.0 分
	人才培养机制	2.0 分	3.0 分	3.0 分	4.0 分	4.0 分
	人才职位发展规划	3.0 分	3.0 分	3.5 分	3.5 分	4.0 分
	人才激励体系优化	2.5 分	3.0 分	4.0 分	5.0 分	5.0 分
规范管理能力	管控及分权规范化	2.5 分	3.5 分	3.5 分	4.5 分	4.5 分
	流程体系规范化	2.5 分	3.5 分	3.5 分	4.5 分	4.5 分
	组织职位体系规范化	2.5 分	3.5 分	3.5 分	4.0 分	4.0 分
	运营过程规范化	2.5 分	3.0 分	4.0 分	5.0 分	5.0 分
资本运营能力	资金预算体系建设	2.5 分	3.0 分	3.5 分	4.0 分	4.0 分
	融资渠道规划与建设	3.0 分	3.0 分	4.5 分	4.5 分	4.5 分
	融资及资本运营	3.0 分	3.0 分	4.5 分	4.5 分	4.5 分
	资本市场及 IPO	1.5 分	3.0 分	4.0 分	4.0 分	4.0 分

三、企业常用的核心能力

不同企业因所在行业及战略选择不同，核心能力也存在较大的不同，为了让读者有一个直观的理解，我们汇总了企业常见核心能力，如表3－3所示：

表3－3　企业常见核心能力

核心能力项目		核心能力说明
研发	产品规划能力	产品线规划、产品定义与规划
	产品趋势研究	新产品、新技术、新工艺趋势调查与研究
	关键技术掌握	技术壁垒、关键器件、技术集成能力
	技术创新	新技术引进、新工艺导入、新技术研发
	研发经验累积	研发知识管理、研发经验积累与传承
	开发速度	新产品开发周期、新产品上市周期、新品迭代与更新速度
	产品创新	产品组合、产品升级、产品功能创新
	产品线齐全	产品线丰富程度、产品线管理能力
	新产品上市管理	新产品上市节奏、上市推广策略、生命周期管理
	专利技术	核心专利技术、专利壁垒
	开发队伍规模	研发队伍整体素质、研发能力沉淀、研发知识管理
采购	原料掌控	对原料价格及新技术的预测、原料一体化战略
	采购能力	采购议价能力、采购人员素质
	供应商管理	供应商开发与评价、合格供应商管理、供应商议价能力
	原料供应	原材料质量、原材料供应及时性与齐套率、原料供应异常处理
制造	制造规模	产能及生产线规划、生产能力提升
	生产效率	生产计划达成率、设备稼动率、工艺成熟度、新品可量产程度、新品直通率
	成本控制	生产消耗控制、生产成本控制优势
	人工成本	人工成本优势
	自动化能力	设备自动化水平、设备智能化水平、设备自动化率
	改善能力	生产现场管理及改善能力、品质改善能力、工艺改善能力、生产异常处理能力
	产品品质	产品品质、逆向品质控制、不合格品处理、品质管理体系
	外协工厂管理	外协工厂选择与管理、外协工厂掌控力度、外协厂一体化战略

续表

核心能力项目		核心能力说明
营销	品牌形象	品牌定位、品牌知名度、品牌忠诚度、品牌美誉度、广告投入及媒介策略、公益活动
	市场信息掌握	市场信息渠道规划、市场研究能力、市场预测能力
	营销渠道掌控	渠道规划、渠道覆盖率、渠道忠诚度、渠道开发及维护策略、渠道政策（价格、返利、促销等）
	技术服务能力	安装能力、维修能力、技术支持能力（售前、售中、售后）
	客户服务	客户满意度调查与弱项改进、客户投诉受理及时性及处理质量
其他	人力资源	人力资本准备度、关键岗位与核心员工适岗率、人力资源可获得性、人力资源数量与质量、员工激励体系（短期、中期、长期）
	组织能力	组织成熟度、战略中心型组织建设、学习型组织建设
	快速反应	应对变化的能力、把握机遇的能力、危机处理能力
	流程创新	流程管理成熟度、流程优化与再造、流程效率、流程创新能力、流程中心型组织变革
	资金实力	融资能力、资金调配能力、财务资本准备度
	资源整合能力	外部资源整合能力、内部资源整合能力
	经营管理能力	财务现状、经营结果、经营目标达成
	公共关系	政府关系、企业形象
	企业文化	文化健康度、文化融合能力、员工归属感与凝聚力、社会形象、社会责任、企业公民、光彩事业
	战略规划与实施	发展战略规划、竞争战略、品牌战略、产品战略、客户战略

四、核心能力定义与分级

胜任力核心能力要素识别出来后，我们还需要根据企业的实际对每项核心能力进行定义与分解。

1. 核心能力定义

定义，本意为对事物做出的明确价值描述。定义是对一种事物的本质特征或一个概念的内涵及外延确切而简要的说明，或是透过列出一个事件或者一个物件的基本属性来描述或规范一个词或一个概念的意义。

核心能力定义通常就是将企业根据战略演绎推导出来的各项核心能力进行明确说明，这种说明力求间接、易懂，不易产生歧义。如麦克利兰认为团队领导(TL)：就是担任团队领导者，并带领团队达成组织目标。再如分析式思考(AT)：就是系统地把一个问题或情况的各个部分组织起来；系统地比较不同的特征或构面，依据理性设定先后次序；找出时间的次序、因果关系，或是并列关系。当然，企业的核心能力会随着企业战略的调整而变化。

2. 核心能力分级

同样一项核心能力，不同职位族或者职系、不同管理层级对能力的要求深度是不同的，为了确保核心能力项目适合各类群体，企业还需要对每项核心能力进行分级。

核心能力究竟应该分几级，是没有一定之规的，这与企业的职位族及管理层级的复杂程度有关，企业可以按照表 3－4 的描述结合企业实际进行核心能力分级描述。

表 3－4　核心能力分级标准

分级	分级标准
1 级	初做者：能够在别人的指导下从事本专业领域内某一部分的工作，并随时需要他人的帮助
2 级	有经验者：能够在别人的指引下从事本专业领域内多项工作，基本上不需要他人指导
3 级	骨干：熟悉本专业领域内的大部分工作，基本上可以做到独立操作
4 级	专家：能够从事本专业领域内的绝大部分工作，并能够指导别人的工作，对涉及其他相关领域的工作也有所了解
5 级	权威：精通本专业领域内的所有工作，不仅可以指导别人工作，而且能够根据内外部环境变化，及时采取措施

五、企业常用核心能力词典

表 3－5　核心能力词典

核心能力项目	核心能力定义	核心能力分级描述				
		1 级	2 级	3 级	4 级	5 级
团队领导	通过授权、激励等手段充分发挥团队成员优势，促进团队合作，解决团队内部冲突，带领团队成员完成工作目标	告知团队： (1)主动向团队成员传达某项决定的内容或工作任务的具体要求，清晰地表明工作的原则和权限范围，明确要达到的目标 (2)明确授权内容，向团队成员解释其中的过程或原因，确保他们了解必要的信息，帮助他们获得配合和减少冲突	维护群体： (1)确保团队的合理诉求得到满足，并为团队成员的工作开展争取所需要的各种信息和资源 (2)保护自己领导的团队及其声誉，采取各类实质性的举措让团队成员感受到自己对团队利益的重视	做好表率： (1)通过以身作则，向团队成员示范自己所期望的行为，使他们接受自己为团队设定的使命和目标以及做出的安排和决定等，确保团队的任务及目标能够完成 (2)在必要的时候与下属同甘共苦，赢得下属的信赖	激发士气： (1)针对不同的情况，灵活采取不同的激励手段，激发下属的热情 (2)善于描绘激动人心的使命和目标，使下属充满热情和希望 (3)采用各种方式来提高团队的士气，改进团队的工作效率，加强集体向心力与凝聚力	创造氛围： (1)成为团队的精神领袖，从做事方式上深入影响下属，利用个人人格魅力或突出的工作能力在下属和同事间树立威信 (2)鼓励团队成员之间互相帮助，创造坦率、温暖、合作、和谐、积极向上的团队氛围

续表

核心能力项目	核心能力定义	核心能力分级描述				
		1级	2级	3级	4级	5级
战略规划	通过对组织内外环境的分析判断，制定组织的中长期发展目标，并能把具体工作安排和整体发展目标有效结合起来	战略理解： 认识到自己的日常工作与组织战略（由他人制定）的联系，了解短期利益与长远目标间的关系，清楚自己管辖范围内的工作在组织整体发展中的位置和作用	战略行动： 按照外部或组织战略的要求安排工作的轻重缓急和优先次序，在资源分配方面，朝战略发展的重点方向倾斜，不因为短期业绩压力，忽略长期发展战略的要求	战略设计： 在组织整体战略的大范围内，根据局部（区域）的特点和条件，设计落实管辖范围内的工作	战略执行： 设定自己管辖范围内工作的具体目标并推动制定相应的落实措施，能够有效抵制与组织战略方向不统一的工作行为	战略思维： 在当前具体工作安排时能够从宏观和整体进行考虑，做出有利于组织长远发展的决策；清楚长远发展目标的要求，及时检讨当前的战略和工作部署
战略决策	通过对多个可行方案进行分析和判断，挑选出最适当的方案及实施时机，并能够勇于承担风险，做出有利于推进工作的明确决定	常规决定： 在收集到较为充分的信息后，清楚地向团队成员表明自己的要求，并给予他们基本的、例行的指示，但当面对一些例外事项或突发事件时，往往需要借助他人力量	立场坚定： 能够坚持立场，决策时以事实为依据，拒绝他人不合理的要求；对一些例外事项和突发事件也能独立判断，做出决策	全面考虑： 面对有竞争性的方案时，能够全面考虑各方意见，细致分析影响因素，认真对比各个备选方案，及时做出决定	风险决策： 能够合理预测决策可能带来的风险，衡量潜在的收益，及时做出抉择，并勇于承担风险	长远规划： 在复杂、模糊且风险很高的形势下，能够在大多数人反对的情况下仍坚持观点，毫不犹豫地做出对组织有长远影响的有利决策

续表

核心能力项目	核心能力定义	核心能力分级描述				
		1级	2级	3级	4级	5级
培养指导	有培养他人的意愿，通过关注下属的潜能与可塑性，为下属的工作提供正确的指导和必要的支持，并通过与下属分享经验、评价反馈等方法提高其工作绩效	正面评价： （1）相信他人有主动性，并且有能力学会或改进工作，对他人取得的正面成绩或进步行为公开赞扬 （2）对下属目前特点、优势以及成熟度有比较深入的了解，对蕴含在其身上的潜能和未来前途有肯定的预测和评价	传授方法： （1）进行详细的指示或是给予示范，告诉别人如何完成某项任务的具体步骤，提出明确有用的建议 （2）通常能够针对个体不同的特点，采用不同的指导方式，使其掌握完成任务的具体方法	分享经验： （1）愿意与他人分享成败的经验，提供为什么要采用某种做法的道理，帮助他人理解以强化培训效果，并利用提问题、测验或其他的方法来判断他人是否理解，以协助其顺利完成任务 （2）为下属的工作提供具体的支持和帮助（如主动提供有用的工具、有价值信息和资源条件支持等）	提供反馈： （1）对他人的工作表现及时给予客观的、有针对性的反馈意见，从而帮助其认识到需要改进的地方或取得进步的方面 （2）在他人遇到挫折时给予支持和鼓励，针对行为而非个人给予反馈，并对其未来的表现表达出正面期待或给予个别化的改进建议	锻炼成长： （1）发现他人需要提高的方面，为其安排有针对性的工作任务、培训项目或其他实践机会，并设计工作改进和培训计划，以促进其学习和成长 （2）鼓励下属承担有挑战性的任务，在控制风险的前提下充分授权，让他们按照自己的方式完成工作

续表

核心能力项目	核心能力定义	核心能力分级描述				
		1 级	2 级	3 级	4 级	5 级
影响能力	运用数据、事实等直接影响手段，或通过人际关系、个人魅力等间接策略来影响他人，使其接受自己的观点或使其做出预想的行为	直接说服： 采用单一、直接的方法或论据对他人进行说服，试图使他人支持自己的观点或要求对方做出承诺或保证	简单多元法： 采用两种以上的方法，或准备多种论据进行说服，但仍然是按照自己的想法进行，没有表现出有意识地针对被影响对象设计影响方式	对症下药： (1)善于换位思考，能够根据对方的关注点把握恰当时机，灵活选择适合对方的说服影响方式，或调整影响的内容和形式 (2)预先考虑到不同对象的可能反应，提前做出准备或预备方案	巧借力法： 寻找支持自己观点并能对别人真正产生影响的人物，使用连环套的方式对目标施加影响，如借助上级力量、游说关键性人物、利用人际关系网络进行间接影响等	利益联盟： 能够根据情况设计复杂的影响策略，与关键人物结成政治或利益联盟，采用互惠的方式获得他们的认可和支持
组织协调	根据工作目标的需要，合理配置相关资源，协调各方面关系，调动各方面的积极性，并及时处理和解决目标实现过程中存在的各种问题	思路明确，资源到位： 了解组织中的资源现状，能基本保证完成工作任务所需的资源按时到位	组织和调动资源： (1)组织各种工作时考虑周到，能根据任务的重要及紧急程度，提前分配或调动各种资源 (2)有一定的组织活动能力，愿意与人建立联系，但缺乏足够的创新方法，对参与者缺乏吸引力和控制力	调解冲突： 组织中出现冲突时具有一定的调解技巧，必要时借助上级或其他力量以保证工作继续开展	获取支持： (1)工作中常常有新的创意，组织各项工作时有一定的方法和技巧调动参与者的积极性，善于根据工作需要策划出大家喜欢参与又有利于实现组织目标的活动 (2)善于同各方面保持融洽的关系，在兼顾对方利益的基础上促进相互理解、共同合作，保证工作顺利开展	对外协调： (1)有良好的沟通能力，社会交往面较宽，善于与外界建立合作关系，利用方方面面的资源为工作服务 (2)通过及时有效的分配和调动资源，克服由于他人原因引起的延误，圆满解决超出自己控制范围的问题

续表

核心能力项目	核心能力定义	核心能力分级描述				
		1级	2级	3级	4级	5级
创新能力	关注身边的新技术、新方法和新事物，挑战传统的工作方式，推陈出新，在服务、技术、产品和管理等方面追求卓越，进行突破性创新的行为特征	经验推断： 当面对新挑战时，通常利用以往经验，或者参照系统内部的观点进行推断	创新思考： (1)主动关注身边发生的新技术和新方法，与现有事物进行比较，发现其中的差异所在 (2)思考新技术或新问题对自己工作可能产生的影响	挑战现状： (1)不断对现有事物提出问题，挑战传统的工作方法和思维方式 (2)对本职工作的改善有自己的见解，不断引入其他领域的观念和方法来指导工作	推陈出新： (1)尝试新的事物，而且通过自己的判断进行合理使用，降低风险 (2)改进现有的方案，找到更好、更有效的工作方式或产品	发明创造： (1)形成和运用新的概念，创造出全新的工作方法或产品 (2)拥有市场上的新发明，或能够建立获得社会认可的理论体系，由此指导并提高绩效 (3)敢于为制定新政策、采取新措施或尝试新方法承担相应的风险

第二节 基本能力要素开发

基本能力与核心能力不同,基本能力与企业战略的密切度不大。基本能力要素开发需要结合不同职位族或者职系的特征,识别和规划满足这些职位族或者职系业绩要求的基本能力。

一、什么是基本能力

基本能力是指满足不同职位族或者职系日常工作必须具备的一些基础能力,这些基础能力与公司的战略无关。例如:管理职位族需要领导能力、评估下属能力、演绎推理能力、书面表达能力、任务分解能力、督导能力、跨部门工作能力、决策能力、组织协调能力、团队建设能力、文化传播能力等;市场营销职位族需要谈判能力、抗压能力、人际交往能力、关系建立能力、人际理解能力、冲突解决能力等;技术研发职位族需要信息收集能力、归纳分析能力、学习能力等;专业事务职位族需要制度执行能力、执行能力、解决问题能力等。

二、基本能力开发常用方法

基本能力开发方法与核心能力也不同,常见的方法有行为事件访谈法、关键绩效分析法、标杆分析法、问卷调查法。

1. 行为事件访谈法

行为事件访谈法是开发基本能力项目最常用的方法,是通过对绩效良好者与绩效平庸者之间的关键行为进行访谈、编码和统计,获得两者之间具有显著性差异的基本能力。行为事件访谈法的核心步骤包括明确绩优标准、选定候选人、行为事件信息收集、访谈资料编码与统计、基本能力项目定义。

2. 关键绩效分析法

关键绩效分析法是根据不同职位族或者职系需要承接的关键绩效(KPI)结果,挖掘隐藏在其背后的真实原因,然后定义出影响关键绩效的基本能力要素,这种方法与行为事件访谈法类似，但操作起来更加便捷。

3. 标杆分析法

常言道："榜样的力量是无穷的。"标杆分析法通过与先进标杆的对比，可以使企业知道自身的差距，帮助企业少走弯路，缩短追赶先进的时间，减少企业的风险成本与管理成本。企业通过对标杆企业（职位族或者职系）的研究，找出决定其成功的关键能力项目，这也是一种常见的胜任力要素开发方法。

企业进行标杆分析时，主要有选标、对标、超标三个步骤，其具体含义如下：

（1）选标：向业内或业外的最优秀企业学习，首先要选定学习对象。

（2）对标：不断寻找和研究一流公司的最佳实践，并以此为基准与本企业进行比较、判断和分析，从而使自身得到不断提高和改进，进入"赶超一流企业，创造良好优秀业绩"的管理循环过程。

（3）超标：通过学习，企业重新进行思考和改进经营实践，创造自己的最佳实践，实际上就是模仿、创新与超越的过程。

利用标杆分析发现问题的时候也需要注意以下几点：

（1）标杆选择切忌越高越好。标杆的选择讲究适度，千万不要拿行业顶尖的企业作为自己的对标对象。

（2）切记照搬照抄。任何成功的经验都不能盲目照搬，因为任何企业都有自身的特殊情况，如果完全照搬则很可能会导致水土不服。

4. 问卷调查法

问卷调查法也是一种常用的方法，采用问卷调查进行基本能力开发时需要注意几点：

（1）调查对象选择。不同职位族或者职系最好选择绩优、绩中、绩差不同类型的员工参加。

（2）问卷设计。问卷设计力求简单、明了，不要让员工产生歧义，最终影响调查效果。

（3）问卷分析。问卷分析一定要本着严谨、科学的态度。

三、企业常用的基本能力

基本能力与不同职位族或者职系相关，为了让读者朋友有一个非常直观的理解，我们也汇总了企业常用的基本能力要素。

表 3－6　企业常见基本能力及职位族对应关系（示意）

基本能力项目	管理职位族	市场营销职位族	技术研发职位族	生产制造职位族	专业事务职位族	辅助职位族
执行能力	√	√	√	√	√	√
制度执行能力	√	√	√	√	√	√
沟通能力	√	√				
谈判能力		√				
学习能力	√	√	√	√	√	√
适应能力	√	√	√	√	√	√
应变能力	√	√				
抗压能力	√	√				
信息收集能力	√	√	√			
周密思考能力			√			
演绎推理能力	√					
归纳分析能力	√		√			
解决问题能力	√	√	√	√	√	√
人际交往能力			√			
人际理解能力	√		√			
分析判断能力	√	√				
口头表达能力	√	√				
外语说写能力		√	√			
书面表达能力	√					
计算机操作能力	√	√	√	√	√	√
领导能力	√					
评估下属能力	√					
培养下属能力	√					

续表

基本能力项目	管理职位族	市场营销职位族	技术研发职位族	生产制造职位族	专业事务职位族	辅助职位族
任务分解能力	√					
任务实施能力	√					
过程控制能力	√					
跨部门工作能力	√	√	√	√		
决策能力	√					
危机管理能力	√	√				
目标管理能力	√					
计划管理能力	√	√	√	√	√	√
组织协调能力	√	√				
冲突解决能力	√	√				
团队建设能力	√					
文化传播能力	√	√	√	√	√	√

四、企业常用基本能力词典

表 3－7　基本能力词典

基本能力项目	基本能力定义	基础分级描述			
		1 级	2 级	3 级	4 级
执行能力	贯彻执行岗位、部门或公司交办的工作任务，有效达到目标的能力	能按时完成上级主管领导交办的各项工作任务	能利用有效的方法和途径，较圆满地按时完成工作任务	经常提前完成工作任务，能主动思考并提出有效提高工作效率的建议	能够充分利用资源，不断创新提高完成工作任务的方法，并善于实践总结
制度执行能力	贯彻施行、实际履行制度规定的工作任务、工作方法的能力	能按时完成制度规定的工作任务	能利用有效的方法和途径，较圆满地按时完成工作任务	经常提前完成工作任务，能主动思考并提出有效提高工作效率的建议	能够理解制度内涵，充分利用资源，不断创新提高完成工作任务的方法，并善于实践总结
沟通能力	通过口头方式表达、交流思想的能力	能够针对工作事项进行联系或相互简单口头交流	能够与他人进行较清晰的思想交流，能够抓住重点，让别人易于理解	沟通技巧较高，具有较强的说服力和影响力，同时有较强的感染力	沟通时具有较强的个人魅力，影响力极强，有很强的感召力
谈判能力	在谈判过程中正确理解对方观点、关注的利益，运用谈判技巧维护本方利益、达成谈判目标或寻找双赢方案的能力	在谈判过程中善于表达并坚持本方的观点和利益，基本能实现本方谈判目标	在坚持原则的前提下，具有相当的灵活性，善于表达并维护本方的利益，能较好地实现本方谈判目标	在谈判过程中能快速识别对方的谈判风格，并以此适当调整本方的谈判风格，实现谈判结果超出本方预期目标	在谈判过程中能准确把握对方的观点，洞察其所关注的利益，善于挖掘双赢的解决方案，实现互利与双赢

续表

基本能力项目	基本能力定义	基础分级描述			
		1 级	2 级	3 级	4 级
学习能力	通过阅读、听讲、研究、实践等方法获得工作所需要的知识或技能的能力，以及对所学知识应用的能力	掌握基本的学习方法，能在指导下学习与工作相关的知识	具有一定的学习兴趣和自学能力，能通过阅读、听讲等方式获得知识或技能	掌握全面的学习方法，可通过阅读、听讲等方式学习新技能，可根据对研究和经验的总结，自行解决某类问题	学习欲望较强，有明确的学习目的和计划，能运用有效的学习方法迅速掌握所学的主要内容
适应能力	在不同的环境下，与不同的个人或团体工作时表现出来的适应力与绩效目标达成的能力	能够客观看到事实情况，能够认识到别人观点的有效性与可取性	能够针对环境变化或他人的反应调整工作技巧，改变个人行为或方法以适应环境	能接受环境的不确定性，并能很快地调整自己的行为，以把握出现的机会或处理突发危机	能接受和吸收新的工作方法和程序，在不同的环境中、不同的个体或群体面前，都能有效地完成工作任务
应变能力	应对挫折、逆境及突发性事件的能力	面对各种限制、挫折、逆境，具有充分的灵活性	在局势不明朗的情况下，能够根据反馈信息和经验，及时调整行为及策略	面对紧迫的情景和压力，能够很快调整自己的心理和行为，并有效地推进工作	面对紧迫的情景和压力，能很快地调整自己的心理和行为，并能把握出现的机会或有效处理突发危机
抗压能力	承受压力，将压力转化为动力的能力	在各种压力的环境中保持乐观平和的心态	在压力环境中，始终关注最终目标的实现	在危机出现时，能很快认清形势，找出解决方案，稳定军心	能预见危机，并采取必要的措施预防危机的产生，顺利实现终极目标

续表

基本能力项目	基本能力定义	基础分级描述			
		1级	2级	3级	4级
信息收集能力	根据工作的需要，不局限于眼前现有的资料，主动花费力气通过各种方法收集各类相关信息的能力	面临困难任务时，想到要尽可能收集多方面的信息来解决问题；直接询问相关知情人员，获得现成的信息来源，并花时间汇集整理	接触其他尽可能多的渠道或对象，获得他们的观点、背景资料及经验等各种相关或潜在相关的信息；不满足于表面信息的获得，能深入询问，挖掘问题的核心和真相	建立相关的信息收集系统，通过系统的正式研究渠道（如网络、报纸、杂志等）来获取信息；对收集到的信息进行系统分类、整理和保存	形成收集信息的习惯，建立起能够长期运作的信息收集系统；长期不间断地使用自己的系统方法收集信息，并不断挖掘潜在信息和信息收集途径
周密思考能力	周密思考及战略性思考问题的能力	能根据多方面收集的信息，确定问题解决的重点、难点，并采取有效的措施	在解决问题和做决策时，能够综合考虑多方面的因素，思考问题具有一定的周密性	在解决问题和做决策时，能够综合考虑各方面的因素，思考问题具有较强的周密性，并能觉察成功的战略性机会，转移工作重点	思考问题具有极强的周密性，并能在战略的高度把个人的主动性和组织的目标结合起来
演绎推理能力	对事物进行因果逻辑分析，并对结果进行检验的能力。通过把一个事物分解成若干部分，或通过运用层层因果关系描述其内在联系的方式来理解该事物的能力	注意并分析事物内在的基本关系，注意分析问题中几个部分之间的关系，判断简单的因果关系，按重要性排列任务的次序	注意并分析事物多层面的关系，用系统的方法将一个复杂的问题分解为几个可以处理的部分，注意分析问题中若干部分之间的关系及若干可能的目标与行动结果。通常要预期可能遇到的障碍，提前对下一步进行思考和准备	做出复杂的计划和分析。系统地将一个复杂的问题分解为几个部分，使用各种方法将复杂的问题简单化，并加以解决，分析各个部分之间的因果关系	做出非常复杂的计划和分析。系统地将一个复杂的多层面的问题分解为若干个部分，运用多种分析方法和技巧，制订多个解决方案并权衡各种方法的优劣

续表

基本能力项目	基本能力定义	基础分级描述			
		1级	2级	3级	4级
归纳分析能力	由部分结合形成整体来认识事物的能力。在面对复杂的问题或现象时，能够发现和掌握关键问题所在，或者是能够创造性地分析问题的能力	面对不完全相同的现象和问题时，可以认识到不同事物（如所面临的情况与以前经历过的情况）之间的相似之处	利用学习到的理论知识，以及在处理其他问题时取得的经验，对现有问题进行整体分析和处理	面对复杂的情况时，能将各种观点、问题和搜索到的数据归纳提炼出核心的观点或简洁的结论	在处理问题时，能够用自己创造的概念来反映各个事物间的内在联系并指导问题的解决；在处理问题中能够发现别人没有发现的关键点，透过表面，深入问题的本质，总结出规律
解决问题能力	独立处理工作中所遇到的各种问题，找到解决办法，解决问题的能力	问题发生后，能够积极主动地去思考问题解决的方法	问题发生后，能够分辨关键问题，找到解决办法，并设法解决	对重大问题，能够准确分析问题的原因，找到解决问题的突破口	能迅速理解并把握各种重大复杂事物的本质，能够快速找到问题的突破口，并能够制定问题预防的策略
人际交往能力	与他人相处、建立互相信任、协作关系的能力	能够与他人相处，建立正常的工作关系，相处较为融洽	通过努力，能够与他人建立信任的关系	与他人协作顺畅，能够与他人建立可信赖的长期关系	易与他人建立可信赖的积极发展的长期关系
人际理解能力	对信息的理解力和领悟力，对事物或别人思想的把握能力	对人际群体的基本信息有较客观的认识	对人际群体的主要信息有较客观的分析，并能把握别人的思想	对人际群体的各种复杂信息较全面客观地分析，能够比较准确地把握别人的思想	对人际群体的各种显性和隐性信息都能够准确把握，并能通过口头或书面形式清晰地表达出来

续表

基本能力项目	基本能力定义	基础分级描述			
		1级	2级	3级	4级
分析判断能力	通过归纳、演绎、推理等分析方法，将事物、现象、概念分门别类，分析出本质及其内在联系，并做出正确判断的能力	在问题解决过程中，能利用正确的逻辑推理进行判断	在问题解决过程中，能从不同的角度来分析问题，做出的判断通常是正确的	在问题解决过程中，预见和寻找各种问题和因素之间的相互关系，做出的判断通常都是正确的	在问题解决过程中，能全面考虑对解决问题有影响的各种因素，做出的判断几乎都是正确的
口头表达能力	口头与人沟通时，能够清楚地表达自己的意图和观点	需要基本的口头表达能力，能与工作往来人员进行正常语言沟通	口头表达能抓住要点，表达意图、陈述意见不需要重复说明	口头表达思路清晰，能较容易表达清楚自己的想法	口头表达简明扼要，具有出色的谈话技巧，易于理解
外语说写能力	运用（听、说、读、写）外国语言的能力	借助词典，可以对一种语言（如英语、日语、韩语、德语、葡萄牙语、意大利语等）的相关工作数据进行阅读	不借助词典，可独立阅读一种外文数据，并可进行简单的口语对话和商务写作	能快速阅读一种外文数据，能进行简单的口译和笔译	能快速阅读一种外文数据，能进行流利的口译和笔译
书面表达能力	能够清楚并规范地以文字形式表达自己的意图、观点或领导要求，包括格式、行文规范、语句、文法等	了解各种文件格式，能够负责简单文件的起草	熟悉各种文件格式，基本能表达清楚主要意图并达到领导要求	掌握各种文件格式，行文规范，能够比较准确地表达意见和要求	能够熟练运用各种文件格式，表达清晰、简洁，行文规范、文法通畅、文笔优美
计算机操作能力	运用计算机进行有效工作的能力，包括打字速度、常用办公软件使用的熟练程度	能使用计算机进行文档处理，如使用 Word、PowerPoint、Excel 等	在一级的基础上，能使用计算机进行网上操作，如收发电子邮件、浏览、检索等	在二级的基础上，能使用计算机进行数据分析和处理，如 ACCESS、统计分析软件等	能借助计算机来完成专业性工作，如进行财务分析、绩效管理、CAD 等

续表

基本能力项目	基本能力定义	基础分级描述			
		1级	2级	3级	4级
领导能力	为了保障工作顺利完成,根据工作的分配,合理授予下属权力的能力	了解分配工作与权力的方法,能够指导被授权员工进行工作	能够顺利分配工作与权力,有效传授工作知识,帮助被授权员工完成任务	善于分配工作与权力,并能积极传授工作知识,引导被授权员工完成任务,并能够提前防范授权的风险	对分配工作与权力做到收放自如,被授权员工可以独立完成工作任务,做好授权风险防范和应对措施,对授权环节能进行充分而准确的评估
评估下属能力	对下属的工作能力、职业素养、工作成绩、不足之处等进行合理评价的能力	能够按公司要求对下属做出基本准确的评估	能够较为合理地评价下属的技能和绩效,指出其不足	能够合理评价下属的技能和绩效,使下属心服口服	能够利用绩效管理手段,对下属的业绩状况、能力素质状况进行客观公正的评价,使下属能够明确自己的不足与优势
培养下属能力	采取各种措施,运用各种方法,确保下属(知识、技能、素质等方面)能在符合公司胜任力需要的前提下得到不断成长的能力	正确地评价团队成员的长处和需要提高的地方,根据评价结果确定培训需求	能通过言行让下属感觉到对他们的器重和赏识	提出的批评或表扬具有针对性和建设性,能够创造学习型的组织和气氛来帮助下属改善工作	能为他人指明职业发展方向,促进能力水平的提升,并能制定为员工职业发展提供支持的相关政策

续表

基本能力项目	基本能力定义	基础分级描述			
		1级	2级	3级	4级
任务分解能力	根据工作目标、任务要求及相关预测进行工作任务分解，并合理配置各项资源、预先安排各项活动的能力	能合理安排本职工作，有问题及时反馈	能够合理对指定领域（如管理、营销、技术、财务等）的任务进行分解	能够有效地对一个或几个领域的工作任务进行分解，预先分配时间及其他资源	能够全面地制订工作计划，预测准确，对任务执行进行深入分析并及时进行调整
任务实施能力	实施岗位、部门或公司交办的或职责范围内的工作任务，有效达到目标的能力	能按时完成上级主管领导交办的各项工作任务	能利用有效的方法和途径，较圆满地按时完成工作任务	经常提前完成工作任务，能主动思考并提出有效提高工作效率的建议	能够充分利用资源，不断创新提高完成工作任务的方法并善于实践总结
过程控制能力	有效监督与控制工作过程朝着正确的方向进行，确保组织目标及时高效完成的能力	清楚地分配具体的工作项目、任务和职责范围，了解完成该项工作过程所需监控的关键环节	能根据个人的技能、角色和兴趣等分配工作任务，预先判断关键环节可能出现的问题，能够根据工作进展情况及时提供必要的咨询和监督	能在恰当的时候给予员工或团队辅导，并能够灵活调整员工或团队的工作任务和进度，以应对工作重点的转变	能够从全局上把握工作进展状况，通过多种形式或管理体系来监控各方面的工作质量，能够预见并制定出工作重点发生转变时应该采取的关键策略，并重新配置和协调各种资源以保证完成
跨部门工作能力	根据跨部门流程，组织并协调内外部各种资源，按照既定的目的、任务和形式加以安排，顺利实现工作目标的能力	工作中能够进行基本的人员组织和任务分配，能协调基本的工作关系，完成任务	工作中能顺利地进行人员组织、任务分配和工作关系的协调，顺利完成任务	能够根据成员的特长合理组织人员、分配工作，充分调动组织成员的积极性，圆满完成任务	善于协调工作相关的各方关系，组织跨部门的团队解决疑难问题，并能够组织和完成公司重大任务

续表

基本能力项目	基本能力定义	基础分级描述			
		1级	2级	3级	4级
决策能力	制订策略与实施计划，在适当的时机从多方案中选择最佳方案的能力	能够在上级的指导或协助下，做出相关的决策	能够对下属提出的一般性建议进行决策或能向上级提供一般性合理的决策建议，能考虑决策所需要的重要因素	能够对下属提出的重要建议进行决策或能向上级提供重要的合理决策建议，并能对影响决策的因素进行全面分析，决策较为准确	能够在复杂的情况下对全局性的工作做出决策，决策准确
危机管理能力	及时对危机情景做出反应，解决有关问题，最大限度地降低危机危害性的能力	发生危机时，能迅速地进行处理，阻止危机扩大化	能够及时地将有关信息传递给必须迅速对危机做出反应的人，确保危机带来的损失降到最低	能提前觉察到潜在的危机，并采取相应的预防措施	能够进行有效的危机预防，一旦发生危机，能够迅速做出正确决策，并能从经验中学习，防止同类事情的再次发生
目标管理能力	运用各种手段与方法，对工作目标进行分解并制订有效的工作计划，确保工作目标有效实现的能力	能够编制短期（月度、季度）工作目标与计划，能将工作目标与计划与下属的工作职责相结合，明确任务要求和衡量标准，指导下属工作	能够根据公司的年度计划独立制定所负责的团队或某一模块的短期（月度、季度）工作目标与工作计划；能够有效地利用工作目标与计划进行工作的管理，并能够对工作目标与计划中存在的问题进行及时的总结、评价及分析改进	能够独立制定所负责的团队或者所管辖领域的工作目标与计划，并能对目标进行有效分解；能够分析工作目标与计划实施过程中存在的潜在风险与障碍，并能制定相应的应对措施	能够组织制定所负责的多个团队或所管辖领域年度工作目标与计划，能够将多个团队目标进行有效分解；能够深入分析目标实施过程中存在的潜在风险与关键障碍，并能组织建立合理的应对策略

续表

基本能力项目	基本能力定义	基础分级描述			
		1级	2级	3级	4级
计划管理能力	工作中能够迅速理解上级意图,形成目标并制定出具体可操作的行动方案,通过有效组织各类资源和对任务优先顺序的安排,保证计划的高效、顺利实施,并努力完成工作目标的能力	根据具体目标,将工作分解为若干的关键可操作性步骤,设立优先次序,形成任务时间进度表	能够准确评估实现工作目标所需的人、财、物等资源,并做出资源配置的可行性方案	建立监控和反馈机制,能够从整体上把握计划实施的进程	在工作计划中预先考虑预留弹性或额外工作时间,以应对意外事件;主动评估工作中可能存在的风险,随时准备应对各种障碍和问题,并提前制定应变预案,确保工作任务总是按时、保质完成
组织协调能力	组织并协调内外部各种资源,按照一定的目的、任务和形式加以安排,使各种资源能有系统或构成整体的能力	工作中能够进行基本的人员组织和任务分配,能协调基本的工作关系,完成任务	工作中能顺利地进行人员组织、任务分配和工作关系的协调,顺利完成任务	能够根据组织成员的特长合理组织人员、分配工作,充分调动组织成员的积极性,圆满完成任务	善于协调工作相关的各方关系,组织跨部门的团队,解决疑难问题,并能够组织和完成公司重大任务
冲突解决能力	有效处理和化解团队成员之间的各种内部矛盾、冲突的能力	遇到矛盾、冲突不知如何解决,常常需要将矛盾提交上级处理	能够解决矛盾、冲突,但手法显得生硬,有时会对工作产生一定的负面影响	能够解决已发生的矛盾、冲突,不致对工作产生负面影响	巧妙地和建设性地解决不同矛盾、冲突,营造和谐的气氛

续表

基本能力项目	基本能力定义	基础分级描述			
		1 级	2 级	3 级	4 级
团队建设能力	协调团队成员的内部关系、调动其积极性，激发其工作热情，增强团队的向心力和凝聚力，确保完成团队目标的能力	能够针对下属存在的问题提出相应的建议，组织领域内一个方面的团队，协调内部关系，完成工作目标	能够给予下属基本的工作指导，为下属提供相关信息、工具、建议等，通过团队成员能力的提升，组织领域内一个方面的团队完成较复杂的团队工作目标	能够有计划地给予下属包含工作实践或理论基础在内的系统指导，或为下属提供额外的信息、工具、建议等，通过团队成员能力的不断提升，完成较复杂的团队工作目标	能运用全局性的资源，为下属创造合适的发展空间，并充当下属职业生涯发展的“导师”，充分发挥团队优势，运用分级管理授权，使得团队能够高效自主运作，完成全局性工作目标
文化传播能力	理解公司企业文化，并通过会议、文件、口头交流等方式对公司文化进行宣传影响的能力	能充分理解公司的企业文化，并能够用其价值观念要求自己	能够充分理解公司企业文化及其内涵，并能够践行以及通过言行积极正面地影响其他人	能够把握正确的舆论导向，并能够利用公司各种途径有意识地向其他人员影响和传播	是公司企业文化的提出者、倡导者和宣传员，善于通过各种渠道向公司内外传播公司的企业文化

第四章 素养要素开发

有些人狭义地把素养理解为态度，而本书胜任力模型中提到的素养是态度、自我意识、个性特征的集合，是一个人在无人监督状态下的一种习惯。

根据维基百科，素养是一种习惯、准备，一种准备就绪的状态，或一个特定行为方式的倾向。

伊利诺伊大学名誉教授罗伯特 · 恩尼斯把素养定义为具体条件下做某事的倾向。然而，恩尼斯认为：培育素养应与反思并行。换句话说，在恰当的条件下，素养并不是自发的。

教育家斯蒂芬 · 诺里斯将素养定义为在特定情境下的特定思维倾向。

为了阐述素养的基本心理学思想，管理学家帕金斯、杰伊和蒂什曼提出“素养三元概念”。他们给出了引发素养行为发生的三个逻辑上不可缺少的心理学成分：①敏感性——对特定行为的适当感知；②倾向——有做出某个行为的冲动；③能力——做出行为的基本能力。

在进行胜任力素养要素开发的过程中，我们把素养分为两类：核心素养、基本素养。其中核心素养来源于企业文化，由于每家企业的文化价值理念不同，对员工的素养要求也是不同的，核心素养必须在对企业文化核心价值理念的梳理的基础上做出定义，如诚信、创新、廉洁、团队、责任、客户导向、拥抱变化等都有可能是企业价值理念的组成部分。因此，核心素养必须与企业文化相结合。而基本素养与企业文化的关系不大，只与职位族或者职系密切相关。

第一节　核心素养要素开发

企业文化是回答企业如何与外部共融以及内部共生的一套经营哲学，它需要回答“企业是什么”“企业为什么存在”“企业未来需要成为什么”“为了实现企业目标大家需要共同遵守什么理念（包括客户服务理念、员工成长理念、产品理念、价值分配理念等）”……也就是说，企业文化应明确地告诉员工在本企业需要具备的思维倾向、状态和习惯。

一、什么是核心素养

核心素养是结合企业文化核心价值理念，明确本企业员工需要具备的思维倾向、状态和习惯，当然由于企业的价值理念（对社会、对员工、对客户、对企业）不同，相应地也就会对不同员工有不同的核心素养要求。

从图 4－1 可以看出，企业文化构成分为“三层四维”，即精神层、行为层、标识层；企业维度、客户维度、员工维度和社会维度。

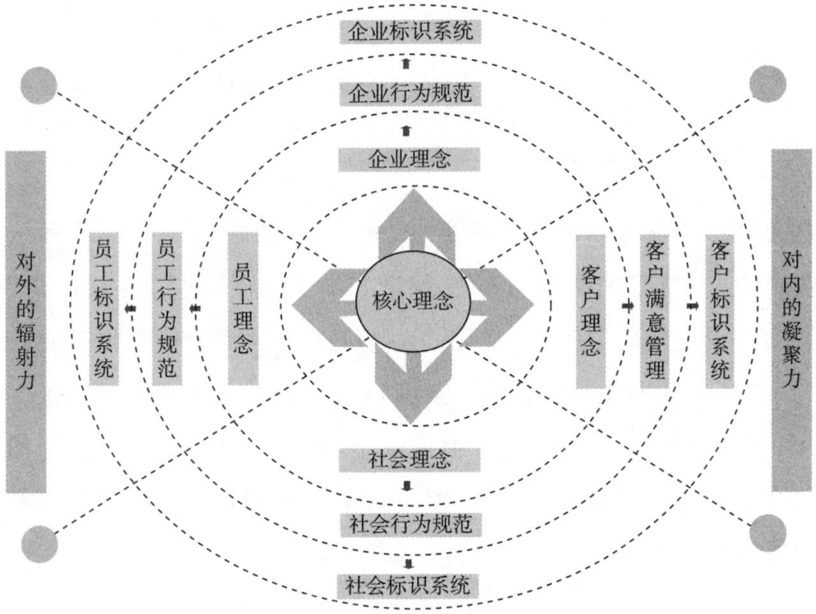

图 4－1　企业文化“洋葱模型”

当然,不同层次和维度包含的内容是不同的,如表 4 – 1 所示:

表 4 – 1　企业文化的基本构成

维度＼层次	精神层	行为层	标识层
核心理念	公司使命、公司愿景、公司精神		
企业维度	发展理念、发展目标、经营宗旨、人本理念	企业基本法、企业发展战略、企业年度经营计划、企业管理制度、企业道德规范、企业奠仪规范	办公环境、企业 LOGO、司旗等
社会理念	质量观、公德观、法律观、环保观、社会责任、企业公民	企业公益活动、企业品牌传播策略、企业光彩事业	品牌形象、社会形象等
客户理念	市场观、竞争观、品牌观、服务观、诚信理念	客户满意管理、客户服务规范、客户投诉处理规范	服务形象、红地毯服务等
员工理念	工作观、人才观、利益观、选才观、用才观、育才观、留才观、成就观	员工行为规范、激励奖罚规范、员工培训规范、团队管理规范、员工行为高压线	工服、员工精神面貌等

企业文化的建设可以说是仁者见仁、智者见智,没有一个明确和统一的认知。有些企业主张"狼性文化",有些企业主张"工匠文化",有些企业主张"硬汉文化",有些企业主张"赌注型文化",有些企业主张"奉献文化",有些企业主张"同创共享文化",有些企业主张"缓慢晋升文化",还有些企业主张"赛马文化"……总之,不同的企业其文化价值主张是不同的,由于文化有极强的导向功能、凝聚功能、辐射功能及激励功能,围绕文化价值理念开发出来的核心素质要素就成为每家企业所独有的。

【案例4-1】 珠海某导热材料高科技企业理念文化展示

表4-2 珠海某导热材料高科技企业理念文化

文化维度	理念文化
企业使命	成就导热梦想 缔造无忧生活
企业愿景	导热世界领袖品牌
核心价值观	智、匠、敬、爱
人才观	有爱、精进、同成长
客户观	无忧、共赢、可持续
企业观	智造、实干、创价值
社会观	先进、和谐、中国梦

二、核心素养要素开发基本方法

1. 确定企业文化模式,选择文化氛围基调

对于任何企业而言,企业文化的建设都不可能一蹴而就,而是需要一个循序渐进的过程。企业在进行文化体系建设的过程中,首先必须要思考清楚两个核心问题:对于企业文化模式和企业文化氛围基调的选择。不同的文化模式和氛围基调的适用范围是不同的(见表4-3、表4-4)。

表4-3 常见企业文化模式及适用范围

模式类别	模式特点	适用范围
建立在企业家领导下的企业家群体文化体系	借鉴美、日、韩等国家的企业文化先进经验,结合中国海尔、联想、华为、万科的实践,展现企业家的价值取向、道德情操、睿智胆识,突显企业家的形象力和感召力,建立企业家群体文化的优势	(1)企业家的文化力有待形成 (2)推行企业文化受到传统观念束缚 (3)企业高层理念需要高度统一 (4)企业核心理念、企业价值观亟须统一整合

续表

模式类别	模式特点	适用范围
建立以客户为中心的企业文化服务体系	树立"客户至尊""超越客户期望""客户是上帝"的服务观念,规范员工的服务礼仪;丰富服务手段,提升服务质量,完善服务系统,疏通服务渠道,提高企业在社会的亲和力和美誉度	(1)企业确立以服务取胜市场 (2)企业服务影响企业形象 (3)企业员工服务观念、服务态度需要转变 (4)企业服务手段、服务质量需要丰富、提升 (5)企业的服务系统不健全、服务渠道不畅通
建立以人为本的全员素质文化体系	遵循"以人为本"的原则,着重挖掘员工的素质和潜能;增强企业的凝聚力,提高员工的忠诚度,激发员工工作的积极性、创造性和团队协作的精神,激活企业内部驱动力	(1)企业缺少凝聚力 (2)企业员工的忠诚度需要提高 (3)企业的团队精神需要提升整合 (4)企业缺少动力,亟须增添活力
建立以质量为根本的企业文化体系	宣贯"质量是企业的生命",将文化管理渗入质量管理之中,不断提高员工的质量观和全员质量意识,严格遵守国际质量认证,全面提升产品质量	(1)企业产品质量严重滑坡 (2)因产品质量致使企业受到损害 (3)把质量视为企业生存与发展的决定因素 (4)推行 ISO 质量管理体系遇到阻力 (5)产品质量需要制定新标准、新策略、新方案
建立以企业形象战略为重点的企业文化体系	整合或重塑企业形象,制定先进的企业理念和可操作性强的行为支持体系,以文化提升企业形象的附加值,增强企业形象的亲和力和感召力,提升企业的知名度和美誉度	(1)企业形象亟待提高 (2)需依靠企业形象占领市场,以形象制胜 (3)企业原有的形象需要更新、统一 (4)企业制定、实施名牌战略
建立以科技开发为核心的企业文化体系	突显以"市场促进科技开发,科技开发引导市场"的观念,培养和提升员工的科技领先意识;体现企业尊重知识、重视人才的思想,集合人才资源,建立科研型和创新型的团队	(1)高新技术成为企业发展的瓶颈 (2)企业重视并确立科技开发是第一生产力 (3)企业对原有技术产品不满意,科研制约了企业进步 (4)新产品不能满足市场需求 (5)企业的产品文化含量不高,或需形成文化系列产品

续表

模式类别	模式特点	适用范围
建立以市场为中心的企业营销文化体系	确立以“市场为导向，顾客为中心”的现代营销理念，树立员工的市场观、竞争观和服务观，提升员工把握市场的技能；优化和完善营销体系，制定销售策略，不断扩大市场的份额和占有率	(1)买方体系影响了销售业绩提高 (2)营销组织架构欠佳、运行不畅 (3)企业营销观念亟须创新、整合 (4)销售环节协调不利 (5)市场服务需要改进
建立以生产为重心的企业文化体系	培养和提升员工的效率意识，规范员工行为，实现有效的时间管理，改善现场管理和生产环境，改进工艺，降低成本，提高劳动生产率和产品产量，以期不断满足市场的需求	(1)企业产品不能满足市场需求 (2)顾客需求量增大，企业规模扩大 (3)企业生产环境亟待改善 (4)企业生产管理水平亟须提高

表4－4　常见企业文化氛围基调及适用范围

氛围类别	氛围特点	适用范围
智慧型	(1)善于集合智慧、组织资源 (2)尊重知识、重视人才 (3)具有长远的战略目标，科学的战术策略	(1)企业目标不清晰、战略思想不明确 (2)管理技能不佳，人才资源未能得到充分发掘
形象型	(1)企业形象统一，富有市场性、时代感 (2)员工行为文明规范，具有现代企业人的气质 (3)注重塑造企业在社会的知名度和美誉度	(1)企业视觉识别系统陈旧、不统一 (2)品牌知名度、美誉度低 (3)员工形象不佳，行为散漫、不规范
创新型	(1)创造性地继承和发扬企业传统 (2)勇于打破常规、敢于承担风险	(1)员工安于现状、墨守成规 (2)企业管理层闭塞视听，缺乏创新故步自封
竞争型	(1)无论团队还是个人都有强烈的危机感和忧患意识，积极进取、勇于开拓、富有激情 (2)企业驱动着新型的、现代竞争意识	(1)员工缺少危机感、缺乏竞争意识 (2)企业缺少核心竞争力

续表

氛围类别	氛围特点	适用范围
奉献型	(1)爱岗敬业 (2)具有强烈的企业责任心和使命感 (3)勇于担当重任,凡事以大局为重,以企业的利益、荣誉为出发点,不计较个人得失	(1)员工以个人利益为中心,缺乏主人翁意识 (2)工作消极、推诿,怠工现象严重
学习型	(1)善于学习、终身学习 (2)不断摄取新知识,掌握新技能 (3)互动研讨,共同提升与进步的学习型组织	员工业务技能不良、观念陈旧、故步自封、不善学习、不思进取
凝聚型	(1)企业具有强大的吸引力、向心力和亲合力 (2)企业员工具有统一的核心理念和企业价值观 (3)团队协作精神强、员工相互关爱、有难同当	企业人心涣散、各自为政、没有共同的核心理念与企业价值观,缺少团队精神

2. 理念文化设计

理念文化是企业文化的核心,是指导员工思维和行动的价值观和信条,企业理念文化主要包括基本理念体系(使命、愿景、价值观、企业精神、企业宗旨等)和应用理念(包括从基本理念派生出来的人才理念、企业理念、社会理念、顾客理念等)。

(1)理念文化提炼方法。理念文化内容比较多,在提炼和塑造时应该根据不同的内容采取不同的方法,常见的方法有名义群体法、头脑风暴法、集中研讨法、网络会议法、资料筛选法、调查问卷法等。

(2)理念文化表达方式。理念文化的表达也有很多种方法,如箴言式、品名式、人名式、厂名式、经验式、比喻式、概括式、故事式、艺术式等。企业在选择理念文化表达方式时需要把握以下几个原则突出企业个性、风格一致、立足现实并着眼企业未来、简练易懂。

3. 核心素养规划与识别

核心理念确定后,企业需要将理念内容转化为对员工的具体要求。这些要求最好能和员工的日常行为挂钩，同时还需要明确和哪些职位族或者职系相关。

【案例4－2】 深圳某企业核心素养规划及说明

深圳某企业以“时尚科技创造美好生活”为使命，致力于“为用户创造一流体验；为伙伴搭建共赢平台；为员工提供发展空间；为人类承担社会责任”，公司提出了“100－10－1”的发展愿景，即百年老店，全球第一；世界十大数码供应商之一；为每一个用户创造一流的体验；同时，该公司还提出了用户第一、追求卓越、团队合作、拥抱变化、诚信、激情、专业、高效的价值理念。为了确保公司愿景顺利实现，将公司价值理念渗透到员工日常工作的方方面面，我们帮助该企业进行了核心素养规划及说明（见表4－5）。

表4－5 深圳某企业核心素养规划及行为标准

核心素养	核心素养定义	核心素养行为标准
用户第一	(1)“用户”指产品使用者、客户和下道工序的部门或同事 (2)用户是我们的衣食父母，他们提出的意见和建议是我们进步的动力；我们尊重每一位用户，追求为每一位用户创造一流的体验 (3)客户是我们成长过程中的重要战略伙伴，是我们向用户传递价值的重要纽带；我们必须为客户创造价值，与客户共同发展 (4)在公司内部，工作流程中下道工序是上道的内部用户，为内部用户服务并创造价值，是每个部门的首要责任	(1)按照下道工序的期望，开展和完成工作 (2)尊重公司相关合作者，礼貌热情，积极支持完成相关工作 (3)积极面对用户抱怨、投诉及建议，不推诿责任，在坚持公司原则的基础上，达到多方满意 (4)站在用户的立场，前瞻性预见用户需求，预防可能引起的危机事件 (5)在条件许可的情况下，用持续不断的实际行动，创造超出用户期望的价值
追求卓越	(1)敬业是追求卓越的基本保证，拥有敬业精神的人，将获得公司的尊重 (2)追求卓越，就是抱着认真负责的态度，服从公司的安排，克服各种困难，做到善始善终 (3)追求卓越是不断提出并实现具有挑战性、超越性的目标，今天最好的表现就是明天最低的要求 (4)卓越是在平常工作中持续改善、日积月累而成的；把简单的事情正确地做一万次就是卓越	(1)认真履行本岗位职责，上班时间只做与工作有关的事情 (2)积极接受各项任务，日事日毕，不敷衍了事、不找借口、不推诿责任 (3)不满足于现状，日清日高，追求更好的工作结果 (4)持续学习，自我完善，对人对事严格要求，努力影响他人坚持不懈地实现目标 (5)提出并实现具有挑战性、超越性的卓越目标

续表

核心素养	核心素养定义	核心素养行为标准
团队合作	(1)群狼斗得过猛虎,团队力量大于个人力量;个人利益服从于团队利益,团队利益服从于公司利益,团队合作是实现公司目标的基础 (2)团队合作的意义在于充分发挥每个成员的特长和主观能动性,相互取长补短,形成最大的合力 (3)团队合作的基础是成员之间的相互信任、坦诚开放,以及每个成员都积极主动地为实现团队目标贡献自己的力量 (4)团队成员之间的和谐关系,并非等同于一团和气,在"对事不对人"的原则上提出不足和合理化建议,更有利于团队成长	(1)善于和不同类型的同事合作,不将个人喜好带入工作,充分体现"对事不对人"的原则 (2)积极主动分享业务知识和经验;主动给予同事必要的帮助;善于利用团队的力量解决问题和困难 (3)决策前,积极发表建设性意见,充分参与团队讨论;决策后,无论个人是否有异议,都必须从言行上完全予以执行 (4)有主人翁意识,积极正面地影响团队,改善团队士气和氛围
拥抱变化	(1)世上唯一不变的就是变化,变化创造机会,拒绝变化等于放弃发展机遇 (2)变化的核心目的是提升公司竞争力 (3)拥抱变化的核心是打开心门、突破原有的心智模式,积极面对变化带来的压力和挑战 (4)被动改变迟早被淘汰,率先变革方能立足潮头	(1)接受公司的日常管理变化,不抱怨 (2)拥护公司变革,对变革带来的不适应予以积极调整 (3)成为变革的推动者,并正面影响和带动同事 (4)有危机意识,根据内外部环境的变化,主动变革 (5)具有前瞻性思维,创造能提升公司竞争力的变化
诚信	(1)诚信指正直坦诚、说到做到,对自己讲的话承担责任 (2)诚信是人的基本品质,是公司成为百年老店的基石,是公司的行为高压线 (3)公司鼓励每位员工坦诚相待,拒绝为了表面上的和谐而掩盖真相或回避矛盾 (4)公司倡导实事求是的工作作风,以事实和数据说话	(1)不弄虚作假,不接受他人的贿赂 (2)不传播未经证实的消息,不背后不负责任地议论事和人 (3)实事求是,用事实和数据,通过正确的渠道和流程表达自己的观点 (4)诚实正直,言行一致,勇于承认错误,敢于承担责任,不受利益和压力的影响 (5)表达批评意见时提出相应的建议,直言不讳 (6)对损害公司利益的不诚信行为严厉制止

续表

核心素养	核心素养定义	核心素养行为标准
激情	(1)激情来自坚定的信念、对实现目标的渴望、对组织的认同、对工作的热爱 (2)激情可以传递能量、振奋士气、凝聚团队、提高战斗力 (3)激情不是一时冲动,而是长期坚持和持续体现的精神状态 (4)充满激情的人主动找方法,相信“办法总比困难多”,永不言弃	(1)喜欢自己的工作,认同公司文化 (2)不断自我激励,积极面对困难,努力提升工作绩效 (3)碰到困难和挫折的时候永不放弃,不断寻求突破,并获得成功 (4)努力为团队增添活力,主动激发同事及团队的工作热情
专业	(1)专业指具备较强的专业知识、技能和伦理观念,为用户创造一流体验 (2)专业最关键的是要不断创新,是他人无法超越的核心竞争力 (3)专业是通过严格的流程和标准、严谨的制度和规范、有效的计划和沟通来体现的 (4)公司要体现整体的专业水平,不仅仅是产品技术、质量和市场能力,还包括每个岗位上的专业支持和服务	(1)熟练运用所在岗位的专业知识与能力,严格遵守制度,顺利解决工作中的实际问题 (2)努力提升所在岗位的专业知识与能力,不断学习和尝试,工作绩效有所提升 (3)专注于本专业领域,精益求精,具备永不厌倦的好奇心和进取心,工作绩效有很大提升 (4)能够培养专业人才,打造专业团队 (5)在本专业领域取得突破性成果,对公司发展产生重大影响
高效	(1)高效就是以最少的资源,达成目标,并为用户创造一流体验 (2)资源永远是有限的,管理人员的天职就是要将资源进行优化配置 (3)时间是最稀缺的资源,合理配置时间是实现高效的基础,浪费时间是最大的浪费 (4)业绩优秀的人能够使用现有资源达成目标,业绩卓越的人能够在资源不足的情况下完成或超额达成目标	(1)遵循工作流程,在规定的时间内完成工作任务 (2)快速反应,合理安排时间,根据轻重缓急计划工作,做正确的事 (3)提出的改善建议被公司采纳 (4)在资源合理的情况下,通过计划超额达成预期目标 (5)在资源不足的情况下,通过计划完成或超额达成目标

三、核心素养定义与分级

胜任力核心素养要素识别出来后，还需要根据企业的实际对每项素养进行定义与分解。

核心素养的定义模式与核心能力相类似，需要根据企业的文化理念进行说明，如很多企业都主张“创新”，但不同企业对“创新”的定义不同：

1. A 企业对“创新”的定义：打破常规，创造可能

（1）创新是指不受陈规和以往经验的限制，创造出新观念、新方法和新事物。

（2）不断学习是提高创新能力的唯一途径，实践是检验创新是否有效的唯一标准。

（3）公司支持员工创新，鼓励员工从创新中总结经验；害怕犯错而不敢尝试创新的人，绝不是一名合格的员工。

（4）创新无小事，只要是基于提高工作效率和提升产品价值的行为，就是有利于增强公司竞争优势的创新行为。

2. B 企业对“创新”的定义：善于学习，勇于创新

（1）善于学习：提倡在工作中学习，在学习中工作。工作的过程就是不断学习的过程，要积极向同事学习，向客户学习，向同行学习，向国内外先进的企业学习；要努力通过各种途径进行自学，珍惜公司每一次培训和学习的机会，参与公司的合理化建议活动；要学以致用，理论联系实际，把学到的知识和技能充分运用到工作之中。

（2）勇于创新：既要严格执行既有的工作流程，又不能拘泥于条条框框搞教条主义，要尝试新的方法和思路，敢于怀疑与否定，敢于探索新方法、新思路；善于多向思维，不断提出新的创意，并大胆尝试，付诸行动，尽快把创意转化为成果。

3. C 企业对“创新”的定义：企业发展的源泉

（1）积极支持员工的创新思想和创新行动，鼓励员工能够从错误和失败中总结经验，并宽容地对待因为创新带来的失败。坚决反对故步自封、墨守成规的观念和风气，害怕犯错而不创新的人绝不是一名合格的员工。

（2）鼓励那些在本职工作中追求创新的行为，无论事大事小，只要是基于提高工作效率和提升产品价值的行为，就是有利于增强公司竞争优势的行为；反对好高骛远和眼高手低的思想。

(3)公司提倡人人参与合理化建议活动。这是公司鼓励创新最基本的活动。对于那些积极开展合理化建议活动的团队和个人,公司应尽力提供相关的资源,并对取得效益的项目给予合理的奖励。

如上,同样是“创新”,A企业、B企业、C企业的定义不同,对待创新的态度也是不同的。

同样,企业完成对核心素养的定义后,还需要根据需要对每项核心素养进行分级(见表4-6)。

表4-6 核心素养分级标准

分级	分级标准
1级	自我管理:能够基本按照公司要求,尽心尽职地做好本职工作
2级	模范标兵:严格按照公司素养要求开展工作
3级	学习榜样:成为团队成员学习的榜样,典型事件经常被团队内部传颂
4级	团队影响:通过自己的素养表现,影响周边的人按照公司文化行事
5级	企业典范:具有非常好的人格魅力,是公司文化的使者、道德模范,成为企业树立的典范

四、企业常用核心素养词典

虽然各个企业的文化差异很大,但为了使读者对核心素养有一个全面的认知,我们整理了一些常用的核心素养要素供大家参考(见表4-7)。

表4-7 常见核心素养词典

常见核心素养项目	常见核心素养定义
坦诚	相互尊重与信任,以正直、开放和诚信的原则处理各种关系,遵守职业道德
卓越	不满足于现状,事事追求卓越,不仅体现在人才、产品、服务和技术上,而且体现在业绩和个人声誉上
坚忍	坚定不移地沿着既定的目标前进并持续关注目标,即使在艰苦或不利的情况下,也能克服外部和自身的困难,坚持实现目标
主动	在工作中自觉地付出超出工作预期的努力,善于主动发现和创造新的机会;在需要他人帮助的时候主动向他人提出请求,在他人需要帮助的时候尽己所能提供帮助

续表

常见核心素养项目	常见核心素养定义
快速响应	让客户或伙伴第一时间知道我是否明确了请求,是否在行动,什么时间完成,是否完成。在协作中,每个人都快一步,则整个系统会快很多步
战斗	只要在岗位上,就应该是一名战士。在工作时间应该保持全神贯注的战斗状态。每天开始时问问自己准备好了吗?结束时问问自己做到了吗?工作时我们是一名合格的员工吗?
接力	我的首要责任是跑好我该跑的那 100 米,在我的岗位上恪尽职守;其次我要帮助我的伙伴接住棒并顺利起跑,我应该多想想怎么帮助他成功
服务	我的岗位可能恰好赋予我某种权力,这等同于我的责任。我应该通过及时、高效、高质量的服务实现我的价值
创新	关注身边的新技术、新方法和新事物,挑战传统的工作方式,推陈出新,在服务、技术、产品和管理等方面追求卓越,进行突破性创新
目标	我知道今年的目标,我清楚本月的计划,我知道今天应该完成什么。目标可能调整,但我至少要知道——我现在的行动要指向什么样的具体目标,我有义务帮助每位下属明确他的目标
成长	我追求自我的成长,希望看到自我的成长给团队带来的成长
服务意识	能够对客户的要求做出迅速而有效的反应,及时采取针对性的措施以满足客户需求;能够经常与客户保持沟通,征求客户对自己工作的意见,并能根据客户的反馈意见,采取有效改进措施,不断改进工作质量
流程意识	以身作则执行流程、制度的坚定性,对不符合公司流程、制度规定的事项,不予认同;自觉强化工作流程化的观念,并能够不断对流程进行优化
安全意识	严格执行安全操作规程,在工作中自觉采取并监督同事采取必要的安全措施,在生产活动中各种各样有可能对自己或他人造成伤害的外在环境条件下保持一种戒备和警觉的心理状态
质量意识	能够严格遵守岗位的流程制度,执行规范程序;工作一丝不苟,追求尽善尽美;能主动征求客户的意见,根据反馈改进自己的工作,以满足客户需求为标准,不断提升工作品质和经济效益的最优化

第二节　基本素养要素开发

正如前文所言,基本素养与企业文化关系不大,它只与职位族或者职系密切相关,如:企业会要求研发人员具备严谨、钻研、保密、责任感等基本素养,而要求销售人员必须具备客户导向、服务意识、结果导向等基本素养,要求采购人员具备诚信、廉洁、流程意识、结果导向等基本素养。

一、什么是基本素养

基本素养是指不同职位族或者职系为了履行本职工作(职责或角色)必须具备的一些最基本的思维倾向、状态和习惯。基本素养不像核心素养那样有极强的文化导向,只是一些员工都必须具备的基础素养条件,如客户导向、服务意识、流程意识、责任心、主动性、诚信、廉洁等。

二、基本素养开发常用方法

与前文提到的基本能力开发方法相类似,基本素养常见的方法有行为事件访谈法、关键绩效分析法、标杆分析法、问卷调查法,这些方法前文已有介绍,在此不再赘述。

下面我们简单介绍另外一种方法——专家小组研讨法。这种方法是指邀请目标职位族或者职系上的绩优者或外部专家,基于工作任务清单或关键绩效指标、关键行为标准等进行工作分析的结果。该方法可分为以下五步进行:

(1)列出工作任务清单,确定关键绩效指标,识别影响关键绩效的行为标准。

(2)邀请专家对完成每项任务清单需要具备的素养项目进行识别。

(3)从出现频率较高而且影响度较大的项目中筛选各个职位族或者职系需要具备的基本素养项目。

(4)对各项基本素养项目进行重要性评价与排序。

(5)对各项基本素养项目进行定义、分级,如有必要还可以按照职位族或者职系定义行为标准。

三、企业常用基本素养词典

表 4-8　基本素养词典

基本素养项目	基本素养定义	基本素养分级描述			
		1 级	2 级	3 级	4 级
自我控制	在面对他人的反对、敌意、挑衅和压力环境下，能够保持冷静，控制负面情绪和消极行为，继续完成工作任务	在感觉到强烈情绪（如发怒、极其沮丧或高度压力）时，能抑制其表现出来	当感觉到强烈情绪（如发怒、极其沮丧或高度压力）时，不仅能抑制其表现出来，而且能继续平静地进行谈话或开展工作；能够长时间地抑制情绪或抵抗压力，在持续的压力状况下以一贯的正常状态推进工作	感觉到强烈的情绪或其他压力，抑制住它们并以建设性的方法回应压力和不良情绪，冷静分析问题来源，甚至能总结出避免今后出现类似情况的预防措施和应对方法	在群体人员都受到强烈冲击时，不仅能够控制自己的情绪，而且能鼓励别人冷静下来，保持良好心态
影响力	运用数据、事实等直接影响手段，或通过人际关系、个人魅力等间接策略来影响他人，使其接受自己的观点或使其产生预想行为	采用单一、直接的方法或论据对他人进行说服，试图使他人支持自己的观点或要求对方做出承诺或保证	采用两种以上的步骤，或准备多种论据进行说服，但仍然是按照自己的想法进行，没有表现出有意针对被影响对象设计影响方式	善于换位思考，能够根据对方的关注点把握恰当时机，灵活选择适合对方的说服影响方式，或调整影响的内容和形式；预先考虑到不同对象的可能反应，提前做出准备或预备方案	寻找支持自己观点并能对别人真正产生影响的人物，使用连环套的方式对目标施加影响，如借助上级力量，游说关键性人物，利用人际关系网络进行间接影响等

续表

基本素养项目	基本素养定义	基本素养分级描述			
		1级	2级	3级	4级
责任心	能够认识到自己应承担的职责和要求，清楚本职工作在组织中的作用和价值，忠于本职工作，主动、自觉追求组织目标的实现，乐于接受额外的任务和必要的加班	接受任务：对职责范围内的工作任务，不推托，不讨价还价，能及时响应工作安排	落实完成：能够对职责范围内的工作进展情况及时进行核查，并对工作中发现的问题采取必要的行动，以保证工作按要求标准完成	尽职尽责：在工作中，面临需要同时处理的职责内和职责外的任务时，能够主动采取应对措施，确保不因职责外的任务而影响职责内工作任务的按时完成，并能够不以职责外的工作负担作为解释未完成职责范围内工作的理由	敢于承担，主动负责：能够主动公开地承担本人工作中的责任，并及时主动地采取补救、预防措施，防止类似的问题再次发生
团队精神	自觉地融入团队，与同事合作完成工作任务，善于协同团队寻求解决问题的途径，理解与尊重团队中其他成员的不同工作风格和方式；能主动与团队其他成员进行沟通，为了团队的成功，愿意牺牲自己的利益	信息共享：能够通过信息共享为团队决策提供支持，并能够及时与团队成员交流团队内部发生的事情，使团队成员及时了解团队取得的成绩与不足	信任团队：对团队其他成员的能力和贡献抱着积极的态度，能够用积极口吻评价团队成员，评价他人提出的意见和经验的价值，并愿意在做决定或计划前征求团队成员的意见和建议	鼓励与授权：当他人做出贡献或实现目标时能给予公开的表彰和鼓励，并在工作中通过一定的授权使他人感觉到自己的重要性，从而发挥更大的作用	解决冲突：能够以实际行动倡导良好的团队氛围，鼓舞士气，及时解决或缓解团队中出现的矛盾和冲突，维护及提升团队荣誉感

续表

基本素养项目	基本素养定义	基本素养分级描述			
		1级	2级	3级	4级
客户导向	站在客户的立场为客户解决问题，提供服务	提供最低程度的必要服务：对客户提出的问题给予立即但"未经准备"的回应，不刻意探究客户的根本需求或问题，也不了解客户所提出问题的来龙去脉	承担个人责任：追随客户的需要与咨询，并迅速解决客户所提出的问题，对客户表现出极强的责任感	解决潜在需求：充分了解客户业务范围，以此了解客户现实的与潜在的需要，有针对性地提供与之相应的产品与服务	做客户的业务伙伴：主动参与客户的决策过程，针对客户的工作提供专业的建议，保证客户取得最佳利益
分享精神	与内部和外部机构加强合作，通过信息共享促进公司发展	善于寻找或创造机会建立开放的、双向沟通的平台，以增强员工的参与和投入	积极筹划与参加旨在分享信息以提升公司竞争力的各种团队活动	积极充当促进公司内部或外部团队之间信息共享与交流的联系人	善于通过信息共享，团结公司内外部团队，共同实现公司目标
服务意识	在工作中满足内外顾客需求的意识	根据工作职责提供必要的服务	能根据工作职责主动提供服务	以内外顾客需求为导向，改善工作流程、方法以提升服务质量	关注内外顾客的需求，积极主动协调相关资源，最大化提供服务，直到其满意为止
责任感	基于工作职责完成任务的意识	能够基本按照工作要求和标准来做事	基于工作职责，有较强的自觉性与主动性	能够主动对工作职责进行思考并提出一些改善意见	能够经常性地对自身和相关工作职责进行思考和分析，并提出有效的改善方案

续表

基本素养项目	基本素养定义	基本素养分级描述			
		1级	2级	3级	4级
敬业精神	爱岗敬业，遵照工作职责与岗位规范、制度等要求完成和改善工作的精神	能够遵照工作职责与岗位规范、制度等要求来做事，并能够对工作中存在的问题进行积极思考	能够积极地完成工作，对工作中存在的任何问题都能主动去界定、探求因果，思考可以改进的空间	能够主动勤奋地完成工作，对任何问题都能主动积极去定义、探求问题之间的因果关系，找到真正原因，并能有效提出改善对策	不浪费时间，不畏劳苦，对交付的工作能抢先或超前完成，并能快速提出改善对策，问题得不到解决，绝不停止
廉洁	不利用岗位和权力便捷，损公肥私	能遵守基本职业道德，不做有损公司利益的事	积极引导员工遵循员工行为准则，不做损公肥私之事	在以身作则的基础上，能对现有的管理制度进行审视，提出修改建议，防微杜渐	能坚决与损公肥私的行为作斗争，并不断地思考与创新，创造良好的廉洁奉公文化氛围
诚信	行使权利和履行义务过程中，对待内外顾客诚实善意的品德	在工作中不弄虚作假	在工作中不弄虚作假，而且能勇于承担责任	在工作中不弄虚作假，以身作则，并用具体行动来影响或带领同事诚信做人、踏实做事	能坚决抵制并揭露弄虚作假的行为，以身作则，积极主动地创造良好的诚信文化
保密意识	自觉遵守公司保密制度，保守和维护公司商业秘密的意识	熟悉公司保密制度，明确职责范围内的保密事项，并根据制度采取相应的维护措施，但保密意识还需提高	以身作则，自觉、严格遵守公司保密制度，有较强的保密意识，对保密制度未明确界定的问题能够很好地处理	影响身边的同事，宣传保密制度，必要时提醒同事；发现保密制度的缺陷和漏洞，能及时向有关部门报告，并提出完善意见	发现他人违反和破坏保密制度时，积极抵制，能够及时向公司有关部门报告，并分情况采取积极措施以最大限度地减少恶性后果，处理得当

续表

基本素养项目	基本素养定义	基本素养分级描述			
		1级	2级	3级	4级
客户导向	全力将努力的焦点放在发掘和满足顾客的需要上	对客户提出的询问、要求、抱怨进行跟催，让客户了解计划进展的最新状况，并能与客户在共同的期望上保持清晰的沟通；留意客户的满意度，并且提供亲切愉快的服务	收集客户真正的需求，即使远超过原先所表达的内容，也能找出符合其需求的产品或服务，具体为客户提供价值，为客户着想，让事情做得更完美	以长远的眼光来解决客户的问题；为了维持长久的关系，可能会付出短期而立即的成本作为交换，为客户寻找长期的利益，或采取行动为顾客创造可以预见的成果，然后把成果归功给该客户	站在客户与自己组织的立场，思考以自己组织的长期利益为着眼点，或督促自己和管理阶层解决客户相关问题，面对有事实根据的客户抱怨申诉时，站在客户的立场处理
成就导向	把工作做好，或设定更高的标准挑战自我，追求卓越	持续不断地创新工作方法，提升绩效	持续不断地追求事业更高的目标，并不断挑战自我	坚持创新、努力到底的精神，采取充分的行动力面对困难险阻，达成创新的目标	追求卓越，追求事业的成功，永不停止
职业动机	运用有效的方法和措施使自己能维持干好工作的愿望	能为自己设置具有挑战性但又确实可行的目标	能在自己的工作中追求优秀绩效	在困难面前，意志坚强，始终保持以完成工作任务为中心	除非目标已经实现，否则决不中断行动，能按计划采取相应的行动
忠诚度	服从公司和领导的工作安排，自觉维护公司利益，自始至终为了公司的发展做出最大的贡献	能保守公司秘密，不做有损团队和组织利益的事	坚守职业道德，对团队成员和组织充分信任，并积极主动维护组织利益	忠于组织，坚守职业道德，对危害组织利益的行为，进行批评与揭发	将个人利益与企业利益完全结合起来，对企业充分信任，并积极主动地创造良好的忠诚文化

续表

基本素养项目	基本素养定义	基本素养分级描述			
		1 级	2 级	3 级	4 级
全局意识	能够站在集团或公司的角度来考虑整体问题与平衡整体利益的意识	站在部门的立场思考问题，协助部门顺利达成目标	能够站在公司的角度来完成公司对部门的使命要求，同时能够兼顾公司的整体利益与长期发展需求	能够站在集团的角度来完成集团对公司的战略使命要求，同时能够兼顾集团的整体利益与长期发展需求	能够全面考虑集团的整体发展需求，同时能够兼顾集团的长期利益与发展需求

第五章　知识要素开发

员工自己的知识结构在很大程度上决定了员工能否具有较高的工作技能。知识可以分为基本知识和专业知识：基本知识是指企业所处行业、企业产品（服务）、企业文化、企业相关流程（制度）知识，这些知识是全体员工都必须具备的；而专业知识则需要根据不同职位族或者职系所承担的职责（角色、目标）单独识别。在企业，无论是基本知识还是专业知识，其来源都只有一个，那就是企业的业务蓝图。

第一节　业务蓝图与知识要素规划

战略决定了企业的核心价值链，而企业要想把价值链中的这些核心业务有效运作起来还需要具备相应的知识。为了更加清晰地规划出企业究竟需要哪些知识，我们建议企业首先绘制业务蓝图。业务蓝图是根据公司发展战略对现在以及未来的业务流、信息流、资金流、物流及价值实现进行的全过程描述，因此，企业可以通过业务蓝图直观地识别出需要的所有知识项目。

一、业务蓝图构成

业务蓝图通常由四部分构成：

(1)发展战略及经营计划。这部分内容是为企业指明发展方向，优化商业模式，明确经营目标，并建立完善的目标实现计划体系。

(2)企业经营衡量。这部分内容从三个维度衡量企业经营状况,即经营健康度指标、经营过程指标及经营结果指标。不同企业的经营衡量指标会存在差异,但健康度指标、过程指标和结果指标这三个大类都是相似的。其中,健康度指标衡量企业是否具有长期、稳健经营的能力,如员工满意度、客户满意度、管理成熟度、人均产值、人均利润、投资回报周期等;过程指标用来衡量企业经营过程的状况是否健康,是确保企业经营结果指标顺利达成的基础,如订单交付周期、生产计划达成率、产品不良率、存货周转次数、库存周期、回款及时率等;经营结果指标是阶段性经营成果的体现,是企业全体员工共同努力的结果,也是用来衡量结果是否达到投资方的诉求,如总资产回报率、利润、收入、股东价值、企业市值等。

(3)企业核心业务。与价值链模型中的基本活动类似,业务蓝图中的这部分内容需要详细列出企业从挖掘客户需求,到产品研发、获取订单、订单交付、客户服务等价值创造全过程的业务活动。值得注意的是,不同企业价值创造的逻辑是不同的,有些企业是市场营销—面向订单研发—面向订单生产制造—仓储物流—客户服务,有些企业是客户需求调研—产品研发—市场营销—面向订单生产制造—仓储物流—客户服务,还有些企业是需求调研—产品研发—生产制造—市场营销—仓储物流—客户服务,总之,在绘制业务蓝图的时候一定要把企业价值创造的逻辑表达出来。

(4)企业支持业务。与价值链模型中的支持活动类似,支持业务需要规划和识别与企业价值创造不可或缺的辅助和支持活动,常见的支持业务包括品质管控、设备管理、工厂管理、财务管理、组织及人力资源、行政后勤、流程与信息化、资源管理等。

【案例5-1】 不同企业业务蓝图展示

(1)某精密机械加工企业业务蓝图(见图5-1)。

我们可以看到该企业业务蓝图中战略及年度经营计划共包括11项核心业务活动,企业经营衡量包括11项关键指标,核心业务包括34项业务活动(市场营销10项、新产品开发6项、面向订单开发4项、供应链管理7项、客户服务7项),支持业务包括50项业务活动(质量管理5项、工艺及设备管理4项、组织及HR8项、流程及信息化7项、行政后勤9项、EHS3项、财务管控11项、资源管理6项)。

(2)某美塑企业业务蓝图(见图5-2)。

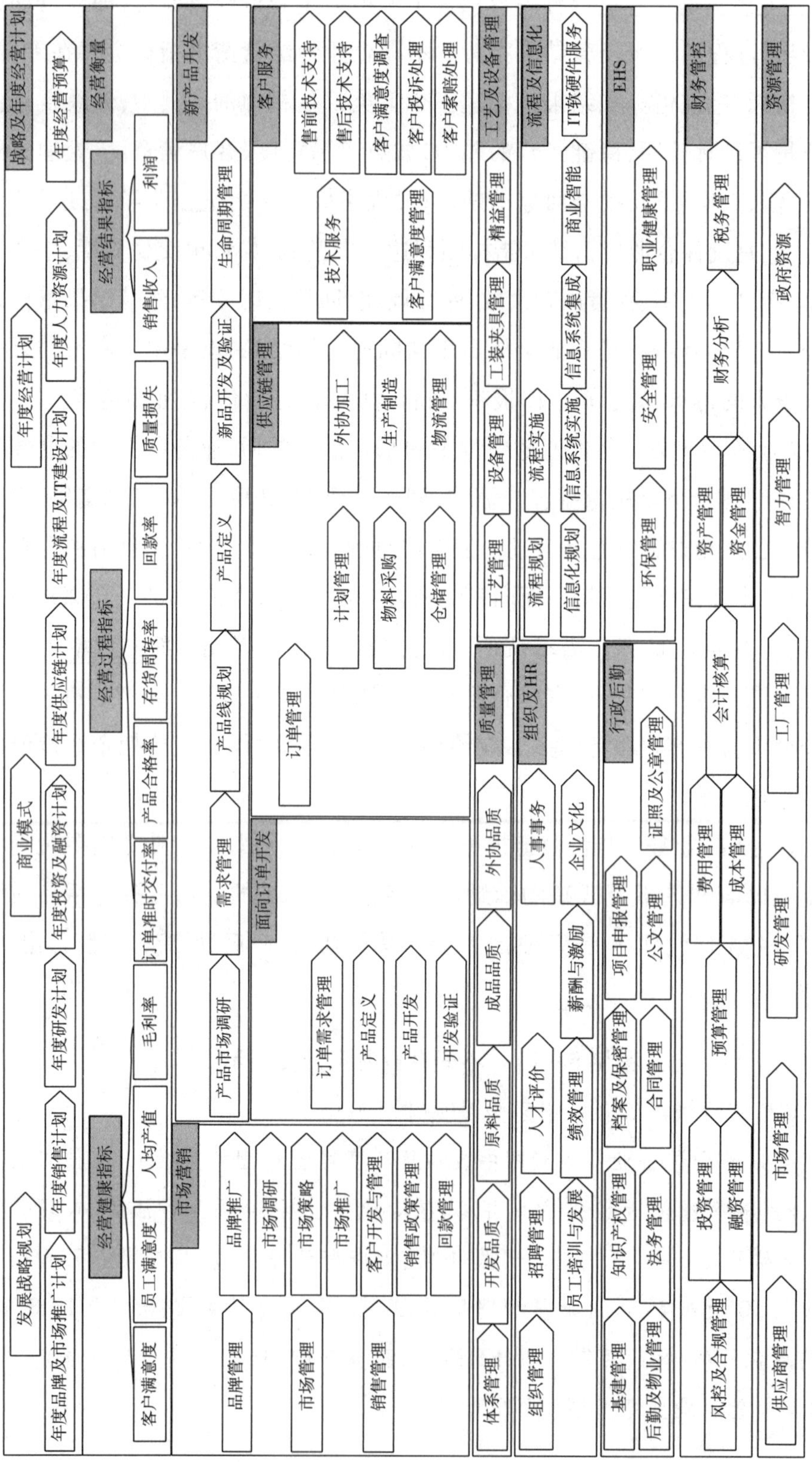

图 5-1　某精密机械加工企业业务蓝图

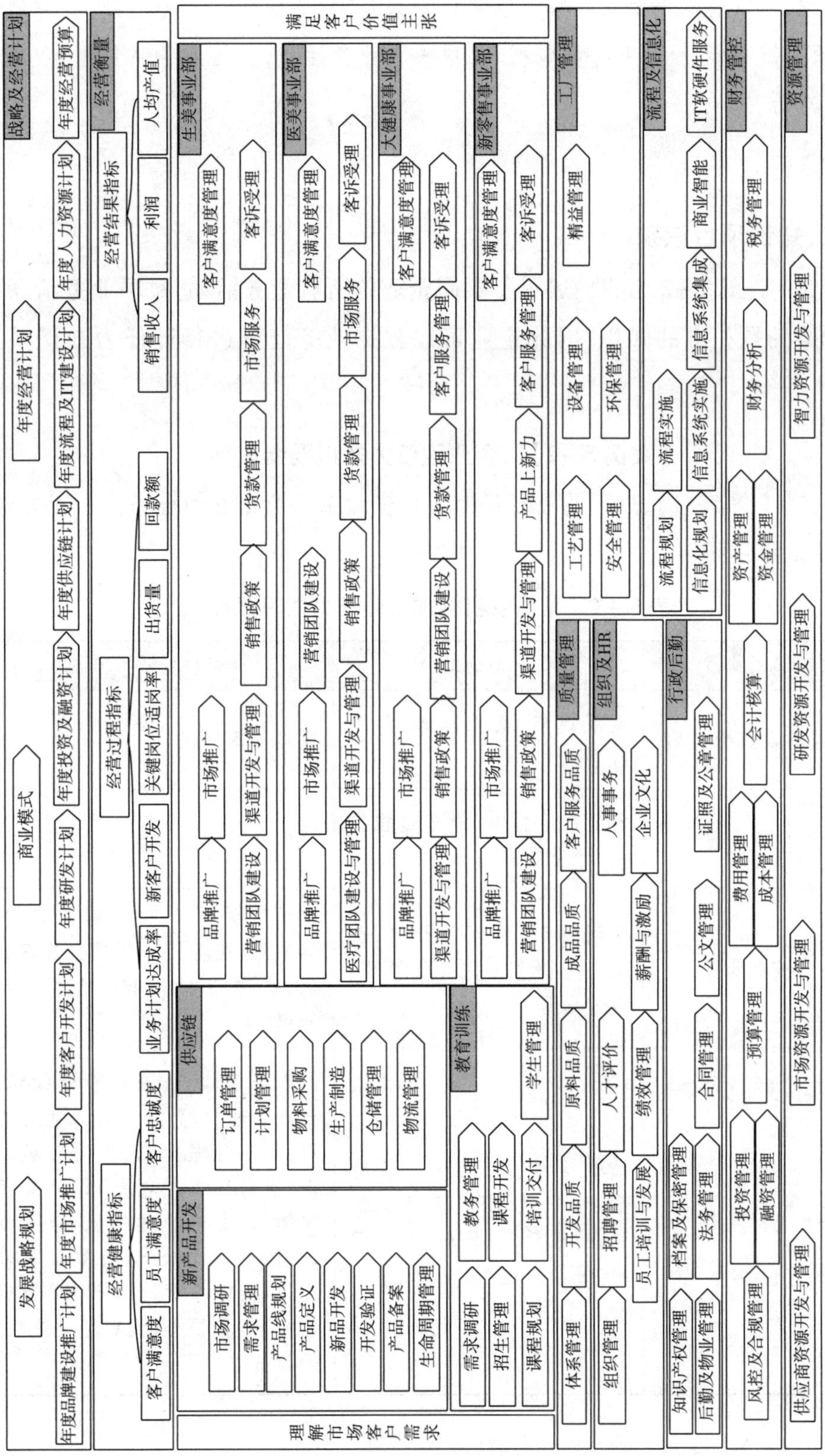

图5-2　某美塑企业业务蓝图

同理，可以看到该企业战略及经营计划共包括12项核心业务活动，经营衡量有11项关键指标，核心业务共包括58项核心业务活动，支持业务共包括47项核心业务活动。

二、知识项目识别

图5-1、图5-2为我们展示了不同企业的所有业务活动，每项业务活动的背后隐藏的是相应的知识，因此企业可以根据业务蓝图进行胜任力知识要素识别。

【案例5-2】 企业胜任力知识要素识别

承接【案例5-1】，以下是我们帮助某精密加工企业识别的胜任力知识要素，如表5-1所示：

表5-1 某精密机械加工胜任力知识要素

业务蓝图构成	业务活动	对应知识项目
发展战略及经营计划	发展战略、商业模式、年度经营计划	战略管理知识
企业经营衡量	经营健康指标、经营过程指标、经营结果指标	目标绩效管理知识
企业核心业务	市场营销、新产品开发、面向订单开发、供应链管理、客户服务	市场营销知识、供应链知识、公司产品（服务）知识、项目管理知识、机械设计知识、客户服务知识
企业支持业务	质量管理、工艺及设备管理、组织及HR、流程及信息、行政后勤、EHS、财务管控、资源管理	组织管理知识、流程管理知识、行政管理知识、人力资源管理知识、财务管理知识、合同管理知识、信息系统管理知识、设备管理知识、安全管理知识、审计知识、档案管理知识、计算机软硬件知识、体系管理知识、现场管理知识、公司文化、制度与流程、行业基础知识

第二节　知识要素定义与分级

知识的定义比较简单，最常见的是列举法，就是把相关知识点全部罗列出来即可，当然有些企业还对每个知识点做一定的细化说明也是可以的。

例如，财务管理知识，包括会计学原理、统计学原理、税收原理；管理会计、成本会计；工业企业财务管理、工业企业会计、会计电算化、审计学、财务分析、财务预算管理；投融资管理、投资项目可行性分析、投资风险评估等。市场营销知识，是指包括品牌管理、广告学、预测与调研、市场策划、营销渠道管理、客户关系管理、价格管理、销售技巧、销售终端管理、营销信息管理、竞争情报等方面知识的总和。

对于胜任力知识项目是否需要分级的问题，不同的企业有不同的看法：有些企业认为知识是胜任力模型中的基础项，需要相应职位族或者职系的人都必须掌握，不需要分级；而有些企业则认为不同层级的人对知识掌握的广度和深度要求不同，需要进行分级。

对于知识的广度很容易理解，企业可以根据职位族或者职系所承担的工作职责进行识别，如人力资源专业知识，对于招聘的岗位就不需要掌握薪酬与激励、企业文化、员工培训、人事事务等方面的知识。但对知识深度的理解就不同，有些岗位需要了解基本概念，而有些岗位则需要掌握某项知识的全部。知识项目的分级主要依据知识的深度进行（见表5－2）。

表5－2　知识深度分级标准

分级	分级标准
1级	了解知识基本概念和理论框架
2级	了解知识概念、框架与一般操作规范、标准，能够初步做到理论联系实际
3级	掌握知识概念、框架与操作规范、标准，基本能够在工作中运用知识，对于一般性的技术问题能够提出有效解决思路
4级	熟悉知识概念、框架与操作规范、标准，不仅能够运用知识对一般性技术问题进行分析、总结，提出解决问题的思路，还能够有效分析问题产生的原因
5级	精通知识概念、框架与操作规范、标准，在某些知识上能够提出一些新的观点和理论，同时能得到行业的认可，具有极强的影响力

第三节　企业常用知识词典

在企业内部，虽然知识要素都来自业务蓝图中对应的业务活动，不同企业，业务活动不同，知识要素也会存在巨大的差异；但有些基础知识项目是相同的，我们把这些知识通常称为基本知识，如公司文化、制度与流程、产品/服务知识、行业基础知识等（见表5-3）；而另外一些知识要素则根据不同企业业务蓝图存在巨大的差异，我们把这些知识称为专业知识（见表5-4）。

表5-3　常用基本知识词典

基本知识项目	基本知识定义
公司文化	包括公司发展历史与沿革、现状和未来发展战略、使命与追求、经营目标、经营理念、核心价值观、组织结构等
制度与流程	为了保障公司管理、业务及相关运营活动正常开展的各种制度、流程等文件的总和，包含各部门的流程、制度
产品/服务知识	包括公司提供的产品/服务种类、产品性能、服务模式、技术规范、生产工艺、技术水平等标准化信息的总和
行业基础知识	公司主营业务的市场状况、技术状况、发展态势、竞争对手、国内外行业标杆、国家宏观政策等各种综合性信息的总和

表5-4　常用专业知识词典

专业知识项目	专业知识定义
战略管理知识	企业战略管理的基本理论知识（含战略分析、战略选择、战略实施、战略监控）、方法论、工具等知识的总和
项目管理知识	包括系统管理理论、项目策划、目标管理、计划管理、项目过程管理、项目风险管理、项目分析、验证评估等方面知识的总和
组织管理知识	组织运作原理和组织设计原则、组织设计（组织分工及人员配置）、组织优化、组织再造和组织执行、定岗定编、岗位说明书等
流程管理知识	公司、部门和岗位各层面用于指导工作的管理流程、业务流程和辅助流程的总和
行政管理知识	包括行政学、公共关系学、商务礼仪、文秘、管理学（基础）等方面知识的总和

续表

专业知识项目	专业知识定义
人力资源知识	现代人力资源管理的基本理论知识、管理思想、方法论、工具、企业实践等,包括人力资源规划、组织管理、绩效管理、薪酬与福利、招聘与培训、员工职业生涯管理、员工关系等
财务知识	包括会计学原理、统计学原理、税收原理;管理会计、成本会计;工业企业财务管理、工业企业会计、会计电算化、审计学、财务分析、财务预算管理;投融资管理、投资项目可行性分析、投资风险评估等
市场营销知识	包括品牌管理、广告学、预测与调研、市场策划、营销渠道管理、客户关系管理、价格管理、销售技巧、销售终端管理、营销信息管理、竞争情报等方面知识的总和
供应链知识	包括仓储管理、运输管理、采购管理、供应商开发与管理等
合同管理知识	包括经济合同法知识、合同签订知识、合同履行知识、合同文本管理等
信息系统知识	包括信息与管理知识、管理信息系统的应用、计算机系统技术基础、数据通信与计算机网络、管理信息系统的构建等知识
客户服务知识	包括咨询服务、运营服务、售后服务、呼叫中心、服务质量监控、客户满意度管理和客服信息化建设等
设备管理知识	包括设备基础知识、设备工作原理知识、设备结构与操作知识、设备使用及日常维护、设备维修等
安全管理知识	包括事故预防与处理知识、安全规程及规章、化学品常识或爆炸物品知识、消防知识、安全法律法规等
审计知识	包括根据国家法规、公司审计准则,对经济责任、重大项目、核心员工审计的各项知识的总和
档案管理知识	档案管理的理论和方法以及对档案进行整理、分类、组卷、归档、编研、统计的知识
计算机软硬件知识	计算机系统软件、应用软件的维护、办公自动化、计算机硬件、网络维护等
体系管理知识	质量、安全、职业健康等管理理论、管理体系、管理标准、程序文件等方面知识的总和
现场管理知识	用科学的标准和方法对生产现场各生产要素,包括人、机、料、法、环等进行合理有效的计划、组织、协调、控制和检测,包括现场物料管理、计划管理、设备管理、工具管理、人员管理、排产管理、5S 管理、精益管理等

第三篇　胜任力模型应用

基于胜任力的人力资源管理体系告诉我们,企业必须围绕“胜任力”进行任职资格体系、人力资源规划、甄选与招聘、培训与发展、绩效评价与薪酬体系设计。

前文一再强调,胜任力是个体用来获得优异绩效的特质。胜任力的识别、建模和测评,构成了基于胜任力的人力资源管理体系建设的基础,人力资源核心职能必须着眼于挖掘和寻求那些具有优异绩效的特质,并使人力资源活动扮演培养这些特质的角色。

经过长期的实践,本书提出了基于胜任力的任职资格体系、基于胜任力的人力资源规划、基于胜任力的员工甄选与招聘、基于胜任力的员工培训与发展、基于胜任力的员工绩效评价、基于胜任力的薪酬激励体系设计等。

第六章　胜任力模型与岗位任职资格

岗位任职资格是人力资源体系建设的基础，是指为了保证工作目标的实现，任职者必须具备的知识、技能、素养和个性等方面的要求。它常常以胜任职位所需的学历、专业、工作经验、行业经验、岗位经验、工作技能、能力、工作要素等加以表达。

基于胜任力的人力资源管理体系认为，提升和发展员工胜任力是人力资源工作的核心。不同类型的企业、不同的职位对员工胜任力的要求不同，这就首先要求企业人力资源工作者为不同职位族和不同职位建立任职资格体系。

第一节　基于胜任力的任职资格基本构成

任职资格一般由基本任职资格、工作要素、能力、性别、年龄、资格证书、素养、知识及其他参考项目构成。其中，基本任职资格包括学历、专业、工作经验、行业经验、岗位经验等对岗位任职者的基本要求；工作要素是任职者为了有效履行岗位职责而必须付诸实践的工作项目及标准；知识、能力和素养是对任职者必须掌握和具备的相关胜任力要素的定义；另外，对于某些特殊的岗位，在建立任职资格时，需要考虑到这些岗位的特殊性，识别和建立特殊要求项目，如性格特征、个性品德、绩效状况等（见图 6－1）。

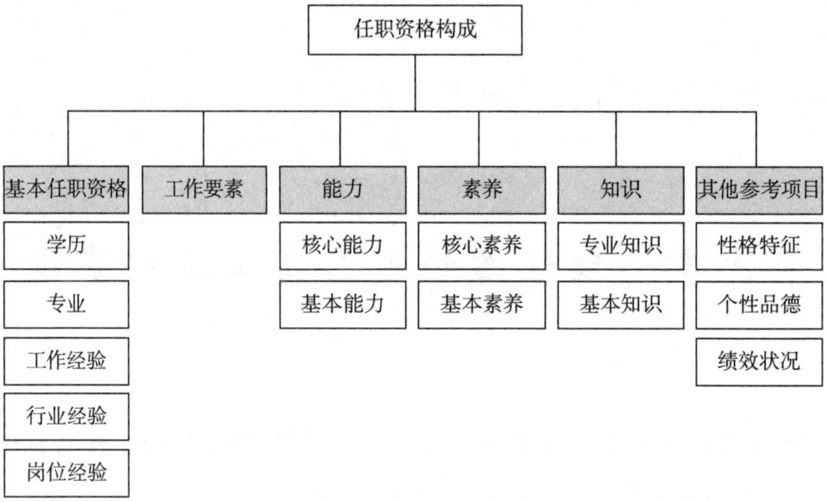

图 6－1　基于胜任力的任职资格基本构成

第二节　基于胜任力的任职资格设计基本方法

任职资格体系设计包括职位体系梳理、职业发展通道设计、任职资格标准建立三个步骤。

一、职位体系梳理

前面我们已经提到,不同类别的岗位、不同层级的岗位,由于公司赋予的职责有所不同,其任职资格也会存在很大的差异。

任职资格体系设计必须从对企业内部的职位体系进行系统梳理开始。在职位体系梳理之前,我们必须先要搞清楚两个基本的概念:

(1)职位族。根据工作内容、任职资格或者对组织的贡献的相似性而划分为同一组的职位。职位族的划分常常建立在职位分类的基础上,如管理职位族、生产制造职位族、营销职位族、技术职位族、专业事务职位族、辅助职位族等。

(2)职系。职系是对职位族的细化,在同一职位族中,当有些职位需要具备的任职要求或承担的职责相似或相同时,这些职位可以归为同一职系。例如,技术职位族还可以细分为研发技术类、品质技术类、工艺技术类、设备技术类、工程技术类、IT技术类等。

为了便于理解，我们举例说明。

【案例6-1】 不同企业职位族、职系规划

(1)兰州宝丰实业集团职位族、职系规划。

表6-1 兰州宝丰实业集团职位族、职系规划

职位族	职系	标准岗位
管理职位族	经营管理职系	总经理、副总经理、总经理助理、总会计师
	职能管理职系	部门经理、部门副经理、综合办公室主任
	项目管理职系	项目经理、执行经理
财经职位族	财会管理职系	会计主管、税务主管、成本控制主管、资产核算会计、费用会计、出纳
	融资管理职系	融资主管
	投资管理职系	投资管理主管
技术职位族	安全技术职系	安全主管、安全工程师
	工程技术职系	工程主管、技术主管、工程组长、安装工程主管、土建工程主管、项目报建主管
	设计技术职系	规划设计主管、设计管理主管
	设备技术职系	设备管理主管
	工程造价职系	商务管理经理助理、招投标管理主管、土建预算主管、土建预算员、安装预算主管、安装预算员
专业事务职位族	战略管理职系	战略规划主管
	法律事务职系	风险管理主管、风险管理员、合同管理主管、合同管理员
	计划管理职系	统计主管
	物流管理职系	物资采购主管
	体系管理职系	体系主管
	人力资源管理职系	组织人事主管、培训绩效主管、企业文化专员
	行政与政工管理职系	高级秘书、政工纪检专员、行政管理专员、行政后勤专员
	档案管理职系	档案信息主管、档案信息管理员

(2)某精密机械加工企业职位族、职级规划。

表 6-2　某精密机械加工企业职位族、职级规划

管理层级	管理职位族	技术职位族	营销职位族	生产制造职位族	专业事务职位族	辅助职位族
A 层级	总经理	—	—	—	—	—
	副总经理、总经理助理	总工程师	—	—	—	—
B 层级	总监	副总工程师	—	—	—	—
	部长	主任工程师	—	—	—	—
C 层级	车间主任、主管	高级工程师	大区经理	—	部长助理	—
			区域经理	—	专业经理	—
D 层级	—	工程师	销售经理	—	高级专员	—
	—	助工	销售专员	—	专员	—
E 层级	—	—	—	班组长	—	班组长
	—	—	—	操作工、检验员、仓管员	—	保洁、厨师、厨工等

二、任职资格通道设计

任职资格通道设计是根据不同职位族、职系的发展特点,确定每个职位族、职系的发展级别(又称职级),每个发展级别(职级)又分为若干个等级(又称职等)。

任职资格通道的设计可以有效避免“千军万马过独木桥”,给予每个职位族广阔的空间,如图 6-2 所示:

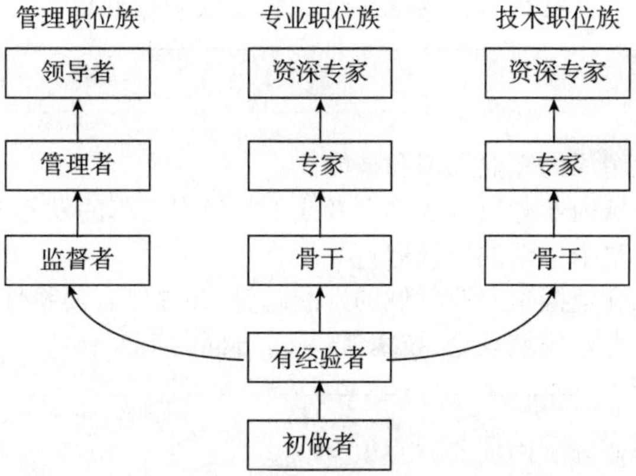

图 6-2 任职资格通道(示意)

一般情况下,技术/专业职位族都可以分为初做者、有经验者、骨干、专家和资深专家五个职级,由于管理职位族的特殊性,管理职位族一般会分为三个职级,即监督者、管理者、领导者,但有些集团公司的管理职位族也可以分为五个职级。

1. 专业/技术职位族职级规划

专业/技术职位族职级的规划来自两个维度,即专业/技术的广度和专业/技术的深度,如图 6-3 所示:

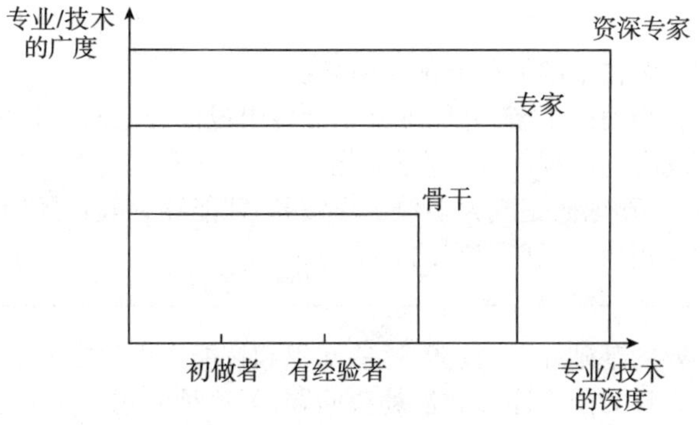

图 6-3 专业/技术职位族职级规划(示意)

可以看出,对于初做者和有经验者而言,这些岗位的工作只是沿着一定工作量的深度有递进的要求,但从骨干开始,包括专家、资深专家,除了有深度的要求,还有对专业/技术广度的要求(见表 6-3)。

表 6－3　专业/技术职位族职级对比

级别	基本特征
资深专家	(1)具有博大精深的专业知识和技能 (2)本专业领域内业务流程的建立者或重大流程变革的发起者 (3)可以指导整个体系的有效运行 (4)能够洞悉和把握本专业领域的发展趋势,并提出有前瞻性的变革思路 (5)被视为本专业领域理论、技术、技巧等方面的工人专家
专家	(1)精通本专业领域内的所有知识、技能 (2)对本专业领域内的业务流程有全面深刻的理解,能够洞察其深层次的问题并给出相应的解决方案 (3)能够以缜密的分析在专业领域对他人施加有效影响,从而推动和实施本专业领域内重大的变革 (4)对于本专业领域内复杂、重大的问题,能够通过改革现有的程序和方法加以解决 (5)可以指导本专业领域的一个子系统有效运行 (6)能够把握本专业的发展趋势,并保证本专业领域的规划与发展趋势相吻合
骨干	(1)能够负责小型项目的开发设计,或负责大中项目的模块开发设计 (2)具有全面的业务知识和技能,在主要领域是精通的,对相关领域的知识也有一定的了解 (3)能够发现本专业领域业务流程中存在的重大问题,并提出合理有效的解决方案 (4)能够预见工作中的问题并能及时解决 (5)对体系有全面的了解,并能准确把握各组成部分之间的相关性 (6)能够对现有的流程、方法进行优化 (7)可以独立、熟练地完成大多数工作任务,并能够有效指导他人工作 (8)被视为本领域内经验丰富的骨干力量
有经验者	(1)具有必要的基础知识、技能,这些知识和技能集中于本专业的某一个领域 (2)能够运用现有的程序和方法解决问题,但这种问题不需要进行深入分析 (3)在适当的指导下,能够完成工作,对于例行性工作,有多次独立完成工作的经验 (4)能够理解本专业领域业务流程的发展趋势 (5)工作在他人监督下进行,工作的进度也是他人确定的 (6)能够发现流程中存在的一般问题 (7)被视为业务实施的基层主体

续表

级别	基本特征
初做者	(1)能够做好被安排的一般性工作 (2)能够根据基本的工作准则和要求完成有限范围内的工作任务 (3)能够运用在培训和学习中学到的专业知识和流程 (4)在本专业领域有较少的工作经验,但这种经验是不够全面的,不能为独立开展工作提供支持 (5)对整个体系还只是局部的理解,对体系之间的相互关系还不能完全把握 (6)只能在指导下从事一些单一、局部的工作

2. 管理职位族职级规划

管理职位族的职级规划不同于专业/技术职位族从两个维度进行区分,而是从管事、管组织和管人三个维度进行规划,简称“管理三叶草”(见图6-4)。

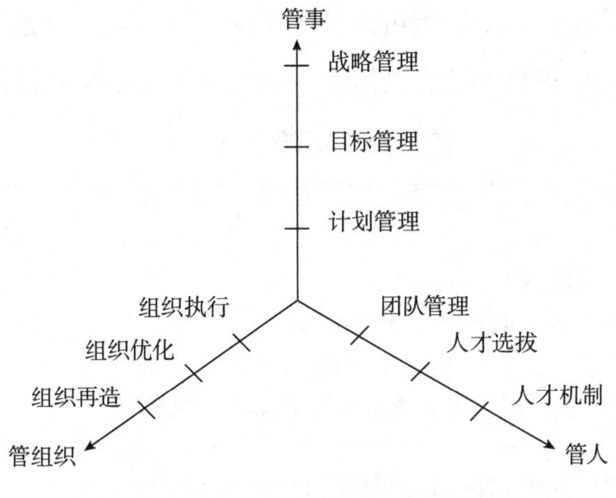

图6-4　管理职位族职级规划(示意)

可以看出,每个维度各自又分为三个级别,分别对应管理职位族的三个职级,具体如表6-4所示:

表6-4　管理职位族职级对比

维度＼职级	监督者	管理者	领导者
管事	任务管理:按照既定的工作任务目标,带领团队成员按计划完成任务	目标管理:需要确定团队目标,并能够对目标进行分解,组织团队成员完成	战略管理:根据内外部环境,明确组织发展战略,并通过资源合理配置,完成组织战略

续表

职级 维度	监督者	管理者	领导者
管人	团队管理:带领一个团队完成工作,并能够对每个团队成员进行必要的激励	人才选拔:能够根据团队成员的特长及喜好建立团队内部的选拔机制	人才机制:帮助企业建立"公平、合理"的人才选、用、育、留机制
管组织	组织执行:组织运营程序明确,只需要按既定的流程执行便可完成任务	组织优化:需要不断优化和完善组织既定的运营规则,提升运行效率	组织再造:需要打破既定的组织运行规则,建立全新的运营流程和制度体系

另外,在进行任职资格通道设计的过程中,除了进行职级的设计,还需要进行职等的规划。通常情况下,每个职级可以分为预备等、基础等、普通等和职业等四个等级,每个职等代表任职资格的综合技能水平和与该职级的匹配程度(见表6-5)。

表6-5　职等定义

职等	定义
职业等	(1)所有标准项均达标 (2)通过必备的知识考试和技能测评 (3)申请人在各方面均表现出色,工作绩效显著 (4)品德良好,素质能够充分满足现职及发展需要
普通等	(1)关键标准项均达标,少数普通标准项不达标 (2)通过必备的知识考核和技能测评 (3)申请人完全能够胜任主要的工作要求,但在某些方面需要提升和改进 (4)品德良好,素质能够充分满足现职要求
基础等	(1)关键标准项大部分不达标,并且少部分普通标准项也不能达标 (2)通过必备的知识考核和技能测评 (3)申请人基本能够胜任主要工作要求,很多地方需要改进 (4)品德良好,素质基本能够满足现职需要
预备等(达到任何一项)	(1)关键标准部分不达标,或者1/3以上普通项不达标 (2)未通过必备的知识考核和技能测评 (3)申请人基本不胜任主要工作要求,很多方面均需要提升 (4)品德和基本素质不能满足现职要求

【案例6－2】 不同企业职位族、职系、职级、职等规划

（1）兰州宝丰实业集团职位族、职系、职级、职等规划。

表6－6 兰州宝丰实业集团职位族、职级、职等规划

职位族	职等/职级																岗位名称
	四级				三级				二级				一级				
	职业等	普通等	基础等	预备等	职业等	普通等	基础等	预备等	职业等	普通等	基础等	预备等	职业等	普通等	基础等	预备等	
管理职位族	√	√	√	√													总经理、副总经理、总会计师
					√	√	√	√									总经理助理、项目经理、经理（主任）、项目执行经理
									√	√	√	√					副经理、经理助理、项目执行经理助理
财经职位族	√	√	√	√													总会计师
					√	√	√	√									财务部经理、经营管理部经理
									√	√	√	√					会计主管、税务主管、成本控制主管、投资管理主管
													√	√	√	√	资产核算会计、费用会计、出纳

续表

职位族	职等/职级																岗位名称
	四级				三级				二级				一级				
	职业等	普通等	基础等	预备等	职业等	普通等	基础等	预备等	职业等	普通等	基础等	预备等	职业等	普通等	基础等	预备等	
技术职位族	√	√	√	√													分管副总经理、总经理助理
					√	√	√	√									工程管理部经理、设计管理部经理、安全运营部经理、商务管理部经理
									√	√	√	√					安全主管、工程主管、技术主管、工程组长、安装工程主管、土建工程主管、规划设计主管、设计管理主管、设备管理主管、土建预算主管、安装预算主管
													√	√	√	√	安全工程师、土建预算员、安装预算员
专业事务职位族	√	√	√	√													分管副总经理、总经理助理
					√	√	√	√									综合办公室主任、采购管理部经理
									√	√	√	√					招投标管理主管、战略规划主管、风险管理主管、合同管理主管、项目报建主管、统计主管、物资采购主管、体系主管、组织人事主管、培训绩效主管、高级秘书、档案信息主管、企业文化专员、行政后勤专员
													√	√	√	√	风险管理员、合同管理员、行政管理员、档案管理员

(2)深圳某集团公司职位族、职系、职级、职等规划。

表 6－7　深圳某集团公司职位族、职系、职级、职等规划

职位族	职类	职级/职等															职位名称
		五级			四级			三级			二级			一级			
		职业等	普通等	基础等	职业等	普通等	基础等	职业等	普通等	基础等	职业等	普通等	基础等	职业等	普通等	基础等	
管理职位族	经营类 管理类 监督类	√	√	√													集团公司总裁、集团公司副总裁
					√	√	√										集团公司总裁助理、下属公司总经理
								√	√	√							集团公司部门总监、副总监、下属公司副总、总助
											√	√	√				下属公司部门经理、副经理
														√	√	√	集团公司部门主管、下属公司部门主管
营销职位族	市场类 销售类 客服类	√	√	√													集团公司营销副总(副总、总助分管营销)
					√	√	√										下属公司营销副总
								√	√	√							下属公司营销经理
											√	√	√				下属公司营销主管
														√	√	√	下属公司业务员
生产职位族	生产管理类 品质管理类	√	√	√													集团公司生产副总
					√	√	√										下属公司生产副总、品管副总
								√	√	√							下属公司生产经理、品管经理
											√	√	√				下属公司生产主管、品管主管
														√	√	√	下属公司生产管理专员、品管专员

续表

<table>
<tr><th rowspan="3">职位族</th><th rowspan="3">职类</th><th colspan="15">职级/职等</th><th rowspan="3">职位名称</th></tr>
<tr><th colspan="3">五级</th><th colspan="3">四级</th><th colspan="3">三级</th><th colspan="3">二级</th><th colspan="3">一级</th></tr>
<tr><th>职业等</th><th>普通等</th><th>基础等</th><th>职业等</th><th>普通等</th><th>基础等</th><th>职业等</th><th>普通等</th><th>基础等</th><th>职业等</th><th>普通等</th><th>基础等</th><th>职业等</th><th>普通等</th><th>基础等</th></tr>
<tr><td rowspan="5">技术职位族</td><td rowspan="5">设备技术类
工艺技术类
设计/研发类
品质技术类</td><td>√</td><td>√</td><td>√</td><td></td><td></td><td></td><td></td><td></td><td></td><td></td><td></td><td></td><td></td><td></td><td></td><td>集团公司技术副总、总工</td></tr>
<tr><td></td><td></td><td></td><td>√</td><td>√</td><td>√</td><td></td><td></td><td></td><td></td><td></td><td></td><td></td><td></td><td></td><td>下属公司技术副总、总工</td></tr>
<tr><td></td><td></td><td></td><td></td><td></td><td></td><td>√</td><td>√</td><td>√</td><td></td><td></td><td></td><td></td><td></td><td></td><td>下属公司技术经理、高级工程师/首席工程师</td></tr>
<tr><td></td><td></td><td></td><td></td><td></td><td></td><td></td><td></td><td></td><td>√</td><td>√</td><td>√</td><td></td><td></td><td></td><td>下属公司技术主管、工程师</td></tr>
<tr><td></td><td></td><td></td><td></td><td></td><td></td><td></td><td></td><td></td><td></td><td></td><td></td><td>√</td><td>√</td><td>√</td><td>下属公司助工、技术员</td></tr>
<tr><td rowspan="5">专业事务职位族</td><td rowspan="5">人力资源类
财务管理类
采购物流类
行政管理类
信息管理类
企业管理类</td><td>√</td><td>√</td><td>√</td><td></td><td></td><td></td><td></td><td></td><td></td><td></td><td></td><td></td><td></td><td></td><td></td><td>集团公司总经济师、总会计师</td></tr>
<tr><td></td><td></td><td></td><td>√</td><td>√</td><td>√</td><td></td><td></td><td></td><td></td><td></td><td></td><td></td><td></td><td></td><td>下属公司专业副总、集团公司专业事务经理</td></tr>
<tr><td></td><td></td><td></td><td></td><td></td><td></td><td>√</td><td>√</td><td>√</td><td></td><td></td><td></td><td></td><td></td><td></td><td>下属公司专业经理、集团公司专业主管</td></tr>
<tr><td></td><td></td><td></td><td></td><td></td><td></td><td></td><td></td><td></td><td>√</td><td>√</td><td>√</td><td></td><td></td><td></td><td>下属公司专业主管、集团公司专业专员</td></tr>
<tr><td></td><td></td><td></td><td></td><td></td><td></td><td></td><td></td><td></td><td></td><td></td><td></td><td>√</td><td>√</td><td>√</td><td>下属公司专业专员</td></tr>
<tr><td rowspan="5">辅助职位族</td><td rowspan="5">物业服务类
饮食服务类
安保服务类</td><td>√</td><td>√</td><td>√</td><td></td><td></td><td></td><td></td><td></td><td></td><td></td><td></td><td></td><td></td><td></td><td></td><td>集团公司行政副总</td></tr>
<tr><td></td><td></td><td></td><td>√</td><td>√</td><td>√</td><td></td><td></td><td></td><td></td><td></td><td></td><td></td><td></td><td></td><td>商务公司总经理、副总</td></tr>
<tr><td></td><td></td><td></td><td></td><td></td><td></td><td>√</td><td>√</td><td>√</td><td></td><td></td><td></td><td></td><td></td><td></td><td>辅助经理</td></tr>
<tr><td></td><td></td><td></td><td></td><td></td><td></td><td></td><td></td><td></td><td>√</td><td>√</td><td>√</td><td></td><td></td><td></td><td>辅助主管</td></tr>
<tr><td></td><td></td><td></td><td></td><td></td><td></td><td></td><td></td><td></td><td></td><td></td><td></td><td>√</td><td>√</td><td>√</td><td>辅助专员</td></tr>
</table>

三、任职资格标准建立

任职资格标准的建立是企业任职资格体系设计的核心，本章第一节内容告诉我们任职资格标准包括基本任职资格、工作要素、能力、素养、知识和其他参考项目等。

1. 基本任职资格

基本任职资格是指岗位对任职者的最低要求，包括学历、专业、经验（包括工作经验、行业经验、岗位经验）等，其中：

（1）学历要求是指按照国家正规学历教育的程度，坚持适合的原则，最好采用确定某一学历或界定在某一个特定的范围之内。

（2）专业要求是指按照国家正规学历教育结构设置的学科体系进行划分，如人力资源专业、机械设计专业、英语专业等。

（3）工作经验是指在不同企业或不同岗位所有工作时间的总和，部分岗位的工作特点可能对工作经验有一定的要求。

（4）行业经验是指在本行业所有工作时间的总和，部分岗位的工作特点可能对该行业的工作经验有一定的要求。

（5）岗位经验是指在与公司相同或类似岗位所有工作时间的总和，部分岗位的工作特点可能对岗位经验有一定的要求。

2. 工作要素

工作要素在有些公司也称为行为标准，是对任职者有效履行岗位职责而必须付诸实践的工作项目及标准的描述，如管理职位族必须从战略管理、组织管理和人力资源管理等三个维度实施管理工作，而战略管理、组织管理和人力资源管理又可以细分为若干项具体的工作项目及标准；同样，对于销售职位族的工作要素可以分为信息收集、渠道开发、客户开发、销售执行、销售回款、客户关系管理、客户档案管理等。

工作要素决定了不同职位族、职系、职级所必须履行的工作项目，是识别所需能力、素养、知识等胜任力要素的依据。

【案例6-3】 深圳某集团公司管理职位族、营销职位族、技术职位族工作要素规划

(1)深圳某集团公司管理职位族工作要素规划。

表6-8 深圳某集团公司管理职位族工作要素规划

工作单元			工作要素	职级				
				五级	四级	三级	二级	一级
1. 人力资源管理	1.1 人才机制	1.1.1 人力资源规划	1.1.1.1 明确公司人力资源管理理念	√	√			
			1.1.1.2 完善公司人力资源规划(结构规划、成本规划、效率规划、成长规划)		√	√		
		1.1.2 人力资源管理机制	1.1.2.1 组织建立完善的人才“选、用、育、留”机制	√	√			
			1.1.2.2 识别公司关键岗位和核心员工,并为其实施职业生涯规划		√	√		
	1.2 人才选拔	1.2.1 人才培养	1.2.1.1 根据员工个人爱好及特长,有针对性地对其进行培养			√	√	
			1.2.1.2 为员工提供相关的培训项目,测评培训效果,并跟踪培训成果转化状况			√	√	√
		1.2.2 人才选拔	1.2.2.1 通过绩效评价、年度素质评价等手段,客观公正地评价员工			√	√	
			1.2.2.2 根据业绩及素质评价结果,提供员工调整方案并组织实施			√	√	
	1.3 团队管理	1.3.1 团队成员管理	1.3.1.1 根据需要组建团队					√
			1.3.1.2 团队成员的日常管理					√
		1.3.2 团队绩效促进	1.3.2.1 团队分工与激励					√
			1.3.2.2 团队绩效提升的促进					√

续表

工作单元			工作要素	职级				
				五级	四级	三级	二级	一级
2. 战略管理	2.1 战略管理	2.1.1 战略分析	2.1.1.1 战略信息及收集渠道规划			√	√	
			2.1.1.2 战略信息收集、整理与分析,并提交战略分析报告			√	√	
		2.1.2 战略规划	2.1.2.1 确定公司使命、愿景和中长期战略目标	√	√			
			2.1.2.2 根据内外部状况,确定公司业务战略(产业、产品、市场、客户战略)	√	√			
			2.1.2.3 所辖领域职能战略的制定和实施监控			√	√	
		2.1.3 战略实施与监控	2.1.3.1 公司战略实施平台构建与维护			√	√	
			2.1.3.2 公司核心能力构建与培植	√	√			
			2.1.3.3 根据实际和发展战略,制订公司年度经营计划	√	√			
	2.2 目标管理	2.2.1 年度目标确定	2.2.1.1 根据公司年度战略地图及平衡计分卡确定年度目标	√	√			
			2.2.1.2 编制并组织签订各系统、部门目标责任书	√	√			
		2.2.2 目标分解	2.2.2.1 对确定的目标进行分解(按季、按月)	√	√	√	√	√
			2.2.2.2 对确定的目标进行分解(按部门、按岗位)	√	√	√	√	√
		2.2.3 目标达成计划	2.2.3.1 根据目标,编制目标达成计划,并保证实施			√	√	
			2.2.3.2 及时跟踪目标达成状况,根据实际调整相关实施计划			√	√	
	2.3 计划管理	2.3.1 任务实施	2.3.1.1 根据工作计划,分派工作任务					√
			2.3.1.2 对所辖工作进行检查和指导					√

续表

工作单元			工作要素	职级				
				五级	四级	三级	二级	一级
3. 组织管理	3.1 组织再造	3.1.1 组织重组与再造	3.1.1.1 懂得组织运作原理和组织设计原则，根据战略调整进行组织重组	√	√			
			3.1.1.2 精于组织职责划分与人员配置	√	√			
			3.1.1.3 根据组织需要，合理规划业务流程、管理流程，保证组织运作效率	√	√			
			3.1.1.4 配置合理的资源，使组织运作更高效	√	√			
		3.1.2 组织文化塑造	3.1.2.1 明确组织文化的内涵及定位	√	√			
			3.1.2.2 组织文化的培育及宣导			√	√	
	3.2 组织优化	3.2.1 组织及流程优化	3.2.1.1 根据需要，对现有组织分工及人员配置进行调整			√	√	
			3.2.1.2 调整业务流程/管理流程，使组织效率更高、工作关系更协调			√	√	
		3.2.2 组织协调	3.2.2.1 部门间工作关系的建立和维护			√	√	
			3.2.2.2 公司业务关系的建立与维系		√			
	3.3 组织执行	3.3.1 流程/制度执行	3.3.1.1 根据公司既定的流程，组织团队成员严格执行					√
			3.3.1.2 对流程/制度实施状况进行监控			√	√	
		3.3.2 组织分工	3.3.2.1 清晰组织分工及工作职责			√	√	√
			3.3.2.2 掌握部门职能、岗位说明书描述方法			√	√	

(2)深圳某集团公司营销职位族工作要素规划。

表 6-9 深圳某集团公司营销职位族工作要素规划

工作单元		工作要素	职级				
			一级	二级	三级	四级	五级
1. 资源	1.1 信息收集及整理	1.1.1 市场、竞争对手及客户信息收集	√				
		1.1.2 市场、竞争对手及客户信息整理		√			
	1.2 信息初步分析	1.2.1 市场、竞争对手和客户信息初步分析			√		
		1.2.2 客户信息管理			√		
		1.2.3 信息提报			√		
	1.3 信息分析策略制定	1.3.1 信息分析				√	
		1.3.2 策略制定					√
2. 销售	2.1 销售执行	2.1.1 了解产品的相关知识	√				
		2.1.2 熟悉公司业务流程和销售政策		√			
		2.1.3 客户联系和跟进		√			
		2.1.4 销售进程推进			√		
	2.2 销售管理	2.2.1 销售流程优化				√	
		2.2.2 销售业务管理				√	
		2.2.3 销售政策制定					√
	2.3 销售监控	2.3.1 销售业务指导			√		
		2.3.2 销售业务监控				√	
		2.3.3 销售业务改进					√
3. 客户服务	3.1 传递公司良好形象	3.1.1 建立有效联系	√				
		3.1.2 恰当回应客户	√				
		3.1.3 客户信息交流	√				
	3.2 客户关系维护	3.2.1 客户日常问题解决		√			
	3.3 客户关系建立、拓展及改善	3.3.1 潜在客户挖掘			√		
		3.3.2 客户关系建立及改善				√	
		3.3.3 客户重大投诉解决				√	

续表

工作单元		工作要素	职级				
			一级	二级	三级	四级	五级
3. 客户服务	3.4 客服体系建立	3.4.1 客户服务体系和服务标准构建					√
		3.4.2 客户服务体系运行监控				√	
		3.4.3 客户服务体系改善					√
4. 公关渠道	4.1 公关渠道维护	4.1.1 现有公关渠道维护			√		
		4.1.2 公关渠道监控				√	
	4.2 公关渠道建立	4.2.1 潜在公关渠道挖掘			√		
		4.2.2 新公关渠道建立				√	
	4.3 公关渠道规划与支持	4.3.1 公关渠道规划					√
		4.3.2 公关渠道管理					√
5. 市场	5.1 市场推广	5.1.1 市场推广及公关策略制定				√	
	5.2 市场规划	5.2.1 市场规划的制定与实施					√
		5.2.2 市场环境的营造					√
		5.2.3 市场运作				√	
6. 支持	6.1 订单支持	6.1.1 订单跟进		√			
		6.1.2 生产计划协调		√			
		6.1.3 产品质量问题解决			√		
	6.2 品牌支持	6.2.1 品牌信息收集		√			
		6.2.2 品牌信息初步分析及提报			√		
		6.2.3 品牌调研分析				√	
	6.3 研发支持	6.3.1 客户需求和偏好信息收集			√		
		6.3.2 产品及客户需求和偏好分析				√	
		6.3.3 新产品立项建议				√	

(3)深圳某集团公司技术职位族工作要素规划。

表 6-10　深圳某集团公司技术职位族工作要素规划

工作单元		工作要素	职级				
			一级	二级	三级	四级	五级
1. 信息管理	1.1 信息收集	1.1.1 收集研发技术信息及流行趋势	√				
		1.1.2 市场、竞争对手及客户技术信息收集	√				
		1.1.3 各类技术信息整理、归类		√			
	1.2 信息分析	1.2.1 研发设计类信息的初步分析			√		
		1.2.2 研发设计类信息管理			√		
	1.3 信息总结	1.3.1 研发设计类信息的讨论分析				√	
		1.3.2 研发设计类信息的总结和指导应用					√
2. 设计	2.1 设计立项	2.1.1 立项沟通			√		
		2.1.2 立项审定					√
		2.1.3 设计项目组织实施				√	
	2.2 产品设计	2.2.1 产品设计基础知识	√				
		2.2.2 图案处理		√			
		2.2.3 图案设计			√		
		2.2.4 创意表现			√		
		2.2.5 品牌阐述				√	
		2.2.6 色彩设计					√
	2.3 产品设计评审	2.3.1 组织评审				√	
		2.3.2 成果审核					√
		2.3.3 指导修正					√
	2.4 设计成果跟踪	2.4.1 研发设计成果日常跟踪			√		
		2.4.2 研发设计成果的问题处理				√	
		2.4.3 研发设计成果的危机公关					√
	2.5 工艺设计	2.5.1 工艺设计		√			
		2.5.2 工艺优化			√		
		2.5.3 设计效果实现				√	
		2.5.4 工艺设计技术成果提炼及传播					√

续表

工作单元		工作要素	职级				
			一级	二级	三级	四级	五级
3. 样品制作	3.1 指导	3.1.1 制作时的一般性技术指导			√		
		3.1.2 重大性工艺技术难题攻破				√	
	3.2 问题解决	3.2.1 问题收集		√			
		3.2.2 解决方案制定					√
4. 知识管理	4.1 资料管理	4.1.1 设计资料及成果整理、归档		√			
		4.1.2 设计资料及成果管理			√		
	4.2 经验总结	4.2.1 设计资料及成果总结				√	
		4.2.2 设计经验积累				√	
	4.3 经验传授	4.3.1 知识价值提炼					√
		4.3.2 知识价值传播					√

3. 胜任力矩阵

胜任力矩阵就是根据不同职位族、职系及职级需要履行的工作要素规划出来的能力、素养、知识项目及对应等级，这些项目和等级是有效履行工作要素所必须达到的条件。企业可以根据自己的胜任力模型结合职位族、职系、职级规划进行识别，也可以按照具体岗位进行识别。

例如，管理职位族每个职系都需要目标管理能力（见表6-11），但不同职级的管理者需要达到的等级是不同的，五级管理者需要达到目标管理能力4级标准，而四级管理者需要达到目标管理能力3级标准即可。

表 6－11　目标管理能力定义与分级

项目	定义	1 级	2 级	3 级	4 级
目标管理能力	运用各种手段与方法，对工作目标进行分解，并制订出有效的工作计划，确保工作目标有效实现的能力	能够编制短期（月度、季度）工作计划与目标，能将工作计划及目标与下属的工作职责相结合，明确任务要求和衡量标准，指导下属工作	能够根据公司的年度计划独立制定所负责的团队或某一模块的短期（月度、季度）工作目标与工作计划；能够有效地利用工作目标与计划进行工作的管理，并能够对工作目标与计划中存在的问题进行及时的总结、评价及分析改进	能够独立制定所负责的团队或者所管辖领域的工作目标与计划，并能对目标进行有效分解；能够分析工作目标与计划实施过程中存在的潜在风险与障碍，并能制定相应的应对措施	能够组织制定所负责的多个团队或所管辖领域年度工作目标与计划，能够将多个团队目标进行有效分解；能够深入分析目标实施过程中存在的潜在风险与关键障碍，并能组织建立合理的应对策略

【案例6－4】 深圳某集团不同职位族、职系胜任力矩阵

表6－12 深圳某集团不同职位族、职系胜任力矩阵（示意）

职位族类别	职系类别	岗位名称	核心能力			基本能力			核心素养			基本素养			专业知识			基本知识		
			战略管理能力	人才培养能力	……	执行能力	沟通能力	……	战略思维	敬业精神	……	大局意识	责任心	……	战略管理知识	财务管理知识	……	公司文化	流程制度	……
管理职位族	经营职系	集团总经理	√	√	……	√	√	……	√	√	……	√	√	……	√	√	……	√	√	……
		下属公司总经理	√	√	……	√	√	……	√	√	……	√	√	……	√	√	……	√	√	……
	职能职系	集团中心总监	√	√	……	√	√	……	√	√	……	√	√	……	√	√	……	√	√	……
		下属公司副总	√	√	……	√	√	……	√	√	……	√	√	……	√	√	……	√	√	……
	监督职系	……	……	……	……	……	……	……	……	……	……	……	……	……	……	……	……	……	……	……
营销职位族	市场职系	……	……	……	……	……	……	……	……	……	……	……	……	……	……	……	……	……	……	……
	销售职系	……	……	……	……	……	……	……	……	……	……	……	……	……	……	……	……	……	……	……
	客服职系	……	……	……	……	……	……	……	……	……	……	……	……	……	……	……	……	……	……	……
生产职位族	生产管理职系	集团生产副总	√	√	……	√	√	……	√	√	……	√	√	……	√	√	……	√	√	……
		下属公司生产经理	√	√	……	√	√	……	√	√	……	√	√	……	√	√	……	√	√	……
		下属公司生产主管		√	……	√	√	……	√	√	……	√	√	……		√	……	√	√	……
	品质管理职系	……	……	……	……	……	……	……	……	……	……	……	……	……	……	……	……	……	……	……

续表

职位族类别	职系类别	岗位名称	核心能力			基本能力			核心素养			基本素养			专业知识			基本知识		
			战略管理能力	人才培养能力	……	执行能力	沟通能力	……	战略思维	敬业精神	……	大局意识	责任心	……	战略管理知识	财务管理知识	……	公司文化	流程制度	……
技术职位族	设备技术职系	……	……	……	……	……	……	……	……	……	……	……	……	……	……	……	……	……	……	……
	工艺技术职系	……	……	……	……	……	……	……	……	……	……	……	……	……	……	……	……	……	……	……
	研发技术职系	……	……	……	……	……	……	……	……	……	……	……	……	……	……	……	……	……	……	……
	品质技术职系	……	……	……	……	……	……	……	……	……	……	……	……	……	……	……	……	……	……	……
专业事务职位族	人力资源职系	……	……	……	……	……	……	……	……	……	……	……	……	……	……	……	……	……	……	……
	财务管理职系	……	……	……	……	……	……	……	……	……	……	……	……	……	……	……	……	……	……	……
	采购物流职系	……	……	……	……	……	……	……	……	……	……	……	……	……	……	……	……	……	……	……
	行政管理职系	……	……	……	……	……	……	……	……	……	……	……	……	……	……	……	……	……	……	……
	信息管理职系	……	……	……	……	……	……	……	……	……	……	……	……	……	……	……	……	……	……	……
	企业管理职系	……	……	……	……	……	……	……	……	……	……	……	……	……	……	……	……	……	……	……
辅助职位族	物业服务职系	……	……	……	……	……	……	……	……	……	……	……	……	……	……	……	……	……	……	……
	餐饮服务职系	……	……	……	……	……	……	……	……	……	……	……	……	……	……	……	……	……	……	……
	安保服务职系	……	……	……	……	……	……	……	……	……	……	……	……	……	……	……	……	……	……	……

表 6－13　深圳某集团管理职位族任职资格

维度	二级维度		五级	四级	三级	二级	一级
基本任职资格	学历		硕士	本科	本科	本科	大专
	专业		工商管理/相近专业	工商管理/相近专业	工商管理/相近专业	工商管理/相近专业	工商管理/相近专业
	工作经验		15 年	10 年	8 年	5 年	3 年
	行业经验		10 年	8 年	5 年	3 年	2 年
	管理工作经验		10 年	8 年	5 年	3 年	2 年
工作要素	管人	团队管理				部分	√
		人才选拔		部分	√	部分	
		人才机制	√	部分			
	管事	计划管理				部分	√
		目标管理		部分	√	部分	
		战略管理	√	部分			
	管组织	组织执行				部分	√
		组织优化		部分	√	部分	
		组织再造	√	部分			
能力	核心能力	战略管理能力	√	√	√	√	√
		目标与计划管理能力	√	√	√	√	√
		团队管理能力	√	√	√	√	√

续表

维度	二级维度		五级	四级	三级	二级	一级
能力	核心能力	人才培养能力	√	√	√	√	√
		组织管理能力	√	√	√	√	√
		流程管理能力	√	√	√	√	√
		创新能力	√	√	√	√	√
	基本能力	领导能力	√	√	√	√	√
		决策能力	√	√	√	√	√
		过程控制能力	√	√	√	√	√
		人际交往能力	√	√	√	√	√
		沟通能力	√	√	√	√	√
		执行能力	√	√	√	√	√
		文化传播能力	√	√	√	√	√
素养	核心素养	战略思维	√	√	√	√	√
		敬业精神	√	√	√	√	√
		团队合作	√	√	√	√	√
		成就导向	√	√	√	√	√
		客户导向	√	√	√	√	√

续表

维度	二级维度		五级	四级	三级	二级	一级
素养	基本素养	大局意识	√	√	√	√	√
		责任心	√	√	√	√	√
		主动性	√	√	√	√	√
知识	专业知识	企业发展战略知识	√	√	√	√	√
		人力资源管理知识	√	√	√	√	√
		组织管理知识	√	√	√	√	√
	基本知识	公司文化	√	√	√	√	√
		公司流程/制度	√	√	√	√	√
		公司产品（服务）知识	√	√	√	√	√

第三节　任职资格认证

任职资格认证是考评任职者能否达到相应职级任职标准，并根据考评结果确定任职者最终职等的过程。

1. 任职资格认证内容及方法

根据不同的任职资格标准，企业可以选择不同的认证方法，常见的认证方法有资料查阅法、提问法、观察法、举证法、考试法、BEI、360 度评价法等，如表 6－14 所示：

表 6－14　任职资格认证内容及常用方法

任职资格项目		认证方法	认证机构
基本任职资格		资料查阅法	人力资源部
工作要素		提问法＋观察法＋举证法	任职资格认证领导小组
能力	核心能力	举证法、BEI	任职资格认证领导小组
	基本能力	360 度评价法	人力资源部
素养	核心素养	举证法、BEI	任职资格认证领导小组
	基本素养	360 度评价法	人力资源部
知识	基本知识	考试法	人力资源部
	专业知识	考试法	人力资源部

2. 任职资格认证组织角色分工

在任职资格认证过程中有四种角色，分别是员工、员工所在部门负责人、人力资源部、任职资格认证领导小组，每个角色承担不同的职责，如表 6－15 所示：

表 6－15　任职资格认证角色分工

角色	职责
员工	①按照任职资格标准开展日常工作 ②在直接主管的指导下申请晋级认证 ③根据任职资格标准进行行为举证 ④根据自身特点主动规划职业发展方向 ⑤根据任职资格认证结果，找出自身差距和短板，制订个人成长与发展计划

续表

角色	职责
部门负责人	①指导团队成员按照任职资格标准要求开展工作 ②帮助团队成员制订成长与发展计划,并监督实施 ③定期评估团队成员能力发展规划执行效果 ④审核团队成员认证申请
人力资源部	①具体负责公司任职资格体系的建设与维护 ②负责认证组织及认证结果的反馈 ③员工认证举证资料的审核 ④员工能力发展规划的组织实施 ⑤员工能力发展课程体系的规划、开发和实施
任职资格认证领导小组	①作为企业任职资格体系的最高决策机构,负责认证和相关决策 ②任职资格认证领导小组下设专业认证委员会,负责不同职位族的认证工作 ③负责员工定级和晋级综合评议及其能力发展计划的综合评议 ④处理员工认证投诉

3. 任职资格认证基本流程

(1)自评。认证申请人对照相应等级的任职资格标准进行自我评价,并填写《任职资格认证自评表》。

(2)申请认证。根据自评结果,员工可以申请任职资格认证申请,认证申请有两种情况:初次认证申请和升级认证申请。

(3)测评。任职资格认证领导小组和人力资源部对申请人进行单项测评,并记录测评结果。

(4)综合评议。任职资格领导小组汇总测评结果,在认证会议上进行综合评议,确定最终认证结果。

(5)撰写认证报告。由任职资格认证领导小组指定各专业认证委员会撰写认证报告。

(6)认证沟通。任职资格领导小组根据认证报告与认证申请人进行面对面沟通。

(7)颁证。对于认证达到相应级别的员工由任职资格认证领导小组颁发专业任职资格证书,专业任职资格证书作为员工的任职资格证明在公司范围内通用。

第七章　胜任力模型与人力资源规划

人力资源规划(Human Resource Planning,HRP)是一项系统工程,它以企业发展战略为指导,以全面盘点现有人力资源、分析企业内外部条件为基础,以预测组织对人员的未来供需为切入点,内容包括人力资源战略规划、组织发展规划、人力资源数量规划、人力资源素质提升规划、人力资源成长与发展规划、人力资源成本规划、人力资源政策规划等,基本涵盖了人力资源的各项管理工作;人力资源规划还通过人事政策的制定对人力资源管理活动产生持续和重要的影响。

在人力资源规划中,人力资源现状盘点(人力资源质量盘点)、人力资源素质提升规划与胜任力模型密切相关,将作为重点加以说明。

第一节　基于胜任力的人力资源规划基本框架

人力资源规划包括人力资源战略规划、组织发展规划、人力资源数量规划、人力资源素质提升规划、人力资源成长与发展规划、人力资源成本规划、人力资源政策规划等(见图 7－1)。

(1)人力资源战略规划。人力资源战略规划是根据企业总体发展战略目标,对企业人力资源开发和利用的方针、政策和策略的规划,是各种人力资源具体计划的核心,是事关全局的关键性计划。

(2)组织发展规划。组织发展规划是对企业整体框架的设计,主要包括组织信息的采集、处理和应用,组织结构图的绘制、组织调查、诊断和评价、组织设计与调整,以及组织机构的设置、岗位编制及人员配置,等等。

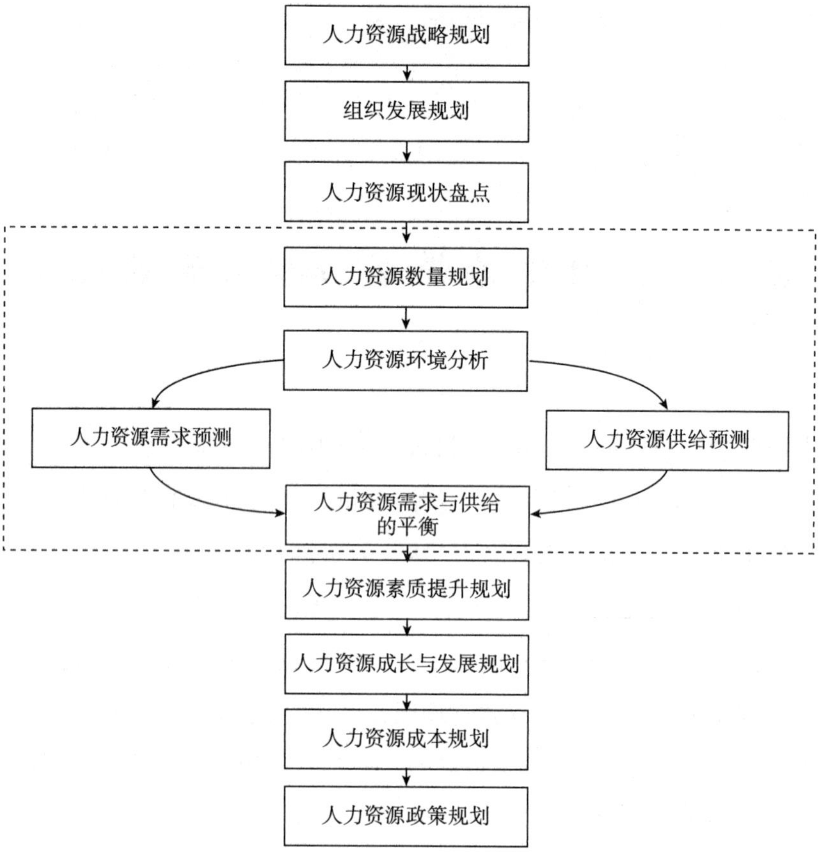

图7－1　人力资源规划框架

（3）人力资源数量规划。人力资源数量规划是对企业人力资源总量、结构、流动性等的整体规划，包括人力资源现状分析、人力资源需求和供给预测、人力资源补充计划、人力资源退休计划、人力资源供需平衡等等。

（4）人力资源素质提升规划。人力资源素质提升规划是指根据岗位任职资格需要，通过员工职业生涯规划与辅导、岗位轮换、职位晋升计划、脱产学习、接班人计划、挂职锻炼、导师制等手段，提升员工适岗率，确保人岗匹配。

（5）人力资源成长与发展规划。人力资源成长与发展规划包括职位发展通路设计、人力资源培训计划、人才选拔和任用计划、职位轮换及晋升计划等等。

(6)人力资源成本规划。人力资源成本规划是对企业人工成本、人力资源管理费用的整体规划,包括人力资源费用的预算、核算、结算以及人力资源费用控制等等。

(7)人力资源政策规划。人力资源政策规划是人力资源总规划目标实现的重要保证,包括人力资源管理制度体系建设的程序、制度化管理等内容。

第二节　基于胜任力的人力资源规划基本原则

为了提升人力资源规划的有效性,最大限度地发挥人力资源的价值,企业在进行人力资源规划时,需要把握以下几个原则:

(1)必须充分考虑内部、外部环境的变化。人力资源规划只有充分地考虑了内外部环境的变化,才能适应需要,真正做到为企业发展目标服务。为了更好地适应这些变化,在人力资源规划中应该对可能出现的情况——包括风险和变化——做出预测,最好能有面对风险的应对策略。

(2)明确人力资源规划的根本目的,确保企业的人力资源供给。企业的人力资源保障问题是人力资源规划中应解决的核心问题。只有有效地保证了企业人力资源供给,才可能进行更深层次的人力资源管理与开发。

(3)人力资源规划的最终目的是让企业和员工都得到发展,取得预期目标。人力资源规划不仅要面向企业规划,而且要面向员工规划。企业的发展和员工的发展是互相依托、互相促进的关系。如果只考虑企业的发展需要,而忽视了员工的发展,反而会有损企业发展目标的实现。优秀的人力资源规划,一定是能够使员工实现长期利益的规划,一定是能够使企业和员工共同发展的规划。

(4)优质的人力资源规划是企业内部相关人员共同完成的,而绝非人力资源部单独能够完成的工作。

第三节　基于胜任力的人力资源规划基本方法

如本章第一节中图 7－1 所示，人力资源规划的起点为人力资源战略规划，并在此基础上进行组织发展规划及人力资源数量规划，其中人力资源战略规划及组织发展规划决定了对人力资源素质的要求，企业可以根据第六章所讲的内容建立职位族、职系、职位任职资格。

一、人力资源数量规划

人力资源数量规划通常包括人力资源需求预测、人力资源供给预测、人力资源需求与供给平衡三个部分。

1. 人力资源需求预测

所谓人力资源需求预测是指对企业未来一段时间内人力资源需求的总量、人力资源的年龄结构、专业结构、学历层次结构、专业技术职务结构与技能结构等进行事先估计。企业的人力资源需求预测不仅受到企业内部经营状况和已有人力资源状况等诸多内部因素的影响，还受到政治、经济、文化、科技、教育等诸多不可控的企业外部因素的影响，导致企业进行人力资源规划、人力资源需求预测时更为复杂。在预测中必须注意到人力资源发展的规律和特点，人力资源发展在企业发展中的地位、作用以及两者之间的关系，分析影响人力资源发展的相关因素，揭示其发展的总体趋势。此外，在人力资源需求预测时，还要掌握预测中的定性、定量、时间和概率四个基本要素以及它们之间的相互关系。

企业在进行人力资源需求预测时，可以按照以下步骤进行：

(1)根据现有组织体系，确定岗位编制。

(2)进行人力资源现状盘点，确定人员编制是否满足，员工是否符合岗位任职要求。

(3)根据企业发展战略，预测未来 3～5 年企业经营状况，确定各部门在未来 3～5年的工作负荷。

(4)对预期内退休、离休人员进行统计。

(5)根据历史数据,预测未来3~5年的员工离职、辞退状况。

(6)根据未来3~5年岗位编制需求及员工流失状况(退休、离休、离职、辞退)预测人力资源需求。

企业在进行人力资源需求预测时,还可以借助一些方法。常见的人力资源需求预测方法可以分为定量预测和定性预测两种,具体如表7-1所示:

表7-1　常见的人力资源需求预测方法

定量预测方法	定性预测方法
趋势预测法、统计预测法、工作负荷预测法、劳动定额预测法、趋势外推法、预算控制法、行业比例法、标杆对照法、生产函数法、计算机模拟预测法	管理评价法、现状预测法、经验预测法、情景描述法、工作研究预测法、微观集成法、零基预测法、驱动因素预测法、专家讨论法、德尔菲法

2. 人力资源供给预测

人力资源供给预测是预测在未来某一时期,组织内部所能供应的(或经培训可能补充的)及外部劳动力市场所提供的一定数量、质量和结构的人员,以满足企业为达成目标而产生的人员需求。

人力资源供给分为内部供给和外部供给两个方面,其中内部供给是根据企业内部人员信息状态预测可供的人力资源以满足未来人事变动的需求;外部供给是企业通过外部人力资源市场获得可供企业需要的人力资源。外部供给预测通常可参考公布的统计资料,如每年大学毕业生的人数,企业的用人情况等,预测某些人员的市场供给情况是供大于求还是供小于求,以便于采取相应的对策。

企业进行人力资源供给预测可以按照以下步骤进行:

(1)分析公司目前的人力资源状况,如公司人力资源的部门分布、技术及知识水平、工种、年龄、学历构成等,了解公司员工的现状。

(2)分析目前公司人力资源流动的情况及其原因,预测将来人力资源流动的态势,以便采取相应的措施避免不必要的流动或及时给予替补。

(3)掌握公司人力资源提拔和内部调动的情况,保证工作和职务的连续性。

(4)分析工作条件(如作息制度、轮班制度等)的改变和出勤率的变动对人力资源供给的影响。

(5)掌握公司人力资源的供给来源和渠道。人力资源可以来源于公司内部(如冗余人力资源的安排,人力资源潜力的发挥等),也可以来自公司外部。

影响企业人力资源供给的因素包括内部和外部因素,如表7-2所示:

表7-2 企业人力资源供给影响因素分析

外部因素	内部因素
公司所在地和附近地区的人口密度	企业本身对人才的吸引力
其他公司对劳动力的需求状况	企业的社会影响力
企业当地的就业水平、就业观念	企业战略定位与事业抱负
企业当地的科技文化教育水平	企业人力资源激励政策
企业当地对人们的吸引力	企业福利政策
全国劳动人口的增长趋势	企业人才选拔与任用政策
各类学校的毕业生规模与结构	企业文化氛围
国家就业法规、政策的影响	企业所在地住房、交通、生活条件
其他	其他

企业在进行人力资源供给预测时也可以使用一些成熟的方法,常见的方法有替换单法、管理人员继任计划、A/B角法、马尔科夫法等。

3. 人力资源需求与供给平衡

完成人力资源需求和供给预测之后,人力资源数量规划工作需要做的就是对人力资源需求和供给进行平衡。

有时会出现企业人力资源总量过剩或者短缺,或者人力资源结构失衡,人力资源需求与供给平衡就要对此作出调节。

人力资源短缺必须通过人力资源的供给来平衡,这种供给既包括外部供给,也包括内部供给。企业在实际操作过程中首先应该考虑内部供给,当内部供给不能满足时再考虑外部供给。如果是人力资源过剩,即企业存在人员冗余时,企业首先应该考虑通过自身发展来开拓新业务、增加人力资源需求,同时还可以采取一些特别的措施,如提前退休、工时压缩、转岗、辞退等来减少人力资源供给。

企业人力资源需求与供给的不平衡往往会是结构的不平衡,在这种情况下,企业需通过鼓励员工内部转岗、岗位轮换等途径实现人力资源结构的再平衡。

二、人力资源现状盘点

人力资源现状盘点包括人力资源数量、人力资源结构、人力资源质量、人力资源成本及人力资源管理机制等。

(1)人力资源数量盘点。企业可以通过对过去3~5年人力资源总量及总量变化趋势、人力资源总量与产量、人力资源总量与营业收入之间的关系分析,客观评价目前的人力资源总量配置及效率是否合理,为人力资源预测提供依据。

(2)人力资源结构盘点。企业通过对过去3~5年人力资源年龄结构、学历结构、职族类型、员工层级结构、不同层级员工的年龄及学历结构、不同职位族员工的年龄结构、学历结构等进行分析,发现人力资源结构配置的合理性。

(3)人力资源质量盘点。基于胜任力的人力资源管理认为,人力资源质量是决定企业是否成功的关键因素之一。人力资源质量盘点必须建立在岗位任职资格的基础上,通过对所有员工与岗位任职资格的对比发现员工素质的短板,进而为公司下一步进行人力资源规划和员工培养规划提供依据。

【案例7-1】 深圳某集团管理职位族、技术职位族、营销职位族人力资源质量盘点

受深圳某集团委托,我们对该公司管理职位族、技术职位族、营销职位族等三大职位族近1500人进行了全面的任职资格认证,并在此基础上形成了三大职位族人力资源质量现状评估报告(见表7-3)。

为了更加直观地发现三大职位族胜任力"短板",我们用雷达图示意目前该集团管理职位族、技术职位族、营销职位族人力资源质量现状。

如图7-2所示,该集团管理职位族普遍反映出来的胜任力"短板"为:能力项目包括战略规划、团队领导、学习能力、计划管理能力;知识项目包括人力资源知识、战略管理知识、财务管理知识和产品知识;在素养方面暂时没发现明显的"短板"。

表 7－3　深圳某集团管理职位族、技术职位族、营销职位族任职资格要素及综合认证结果

胜任力要素		要素名称	管理职位族综合认证结果	技术职位族综合认证结果	营销职位族综合认证结果
能力	核心能力	战略规划	3.2		
		团队领导	2.8		
		培养指导	3.8	2.6	3.5
		影响能力	3.5	3.3	4.0
		关系建立			3.5
		创新能力		4.2	
	基本能力	执行能力	3.8	4.2	3.5
		学习能力	3.1	4.5	2.8
		信息收集能力		3.9	3.3
		周密思考能力	4.2		
		解决问题能力		3.2	3.1
		人际交往能力	3.5		3.8
		目标管理能力	4.1		
		计划管理能力	3.2	2.5	2.1
		组织协调能力	3.5	2.7	3.6
素养	核心素养	敬业精神	4.2	4.0	2.6
		团队精神	3.8	3.3	2.7
		服务意识			4.2
		流程意识	3.5	2.5	3.9
		质量意识		3.8	
	基本素养	自我控制	3.7	4.2	2.6
		责任心	3.8	4.3	3.4
		分享精神	4.2	2.8	3.5
		廉洁	4.2		3.3

续表

胜任力要素		要素名称	管理职位族综合认证结果	技术职位族综合认证结果	营销职位族综合认证结果
知识	专业知识	市场营销知识			2.5
		产品研发知识		4.1	
		人力资源知识	3.1		
		财务管理知识	2.5		
		战略管理知识	2.6		
	基本知识	公司文化	3.3	3.4	2.5
		产品知识	3.1	4.0	3.5
		流程/制度	3.4	2.9	2.5
		行业基础知识	3.6	3.9	2.8

备注:综合认证结果＝同一职位族不同职系员工评价得分的算术平均值;综合认证结果满分为5分

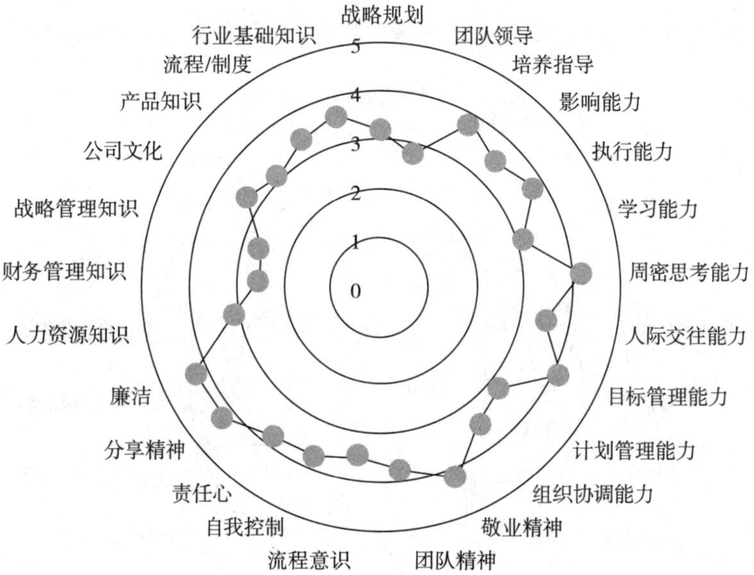

图7-2　深圳某集团管理职位族人力资源质量雷达图

如图7-3所示,我们发现该集团技术职位族普遍反映出来的胜任力“短板”为:能力项目包括计划管理能力、培养指导、组织协调能力、影响能力;素养项目包括流程意识、分享精神、团队精神;知识项目包括流程/制度、公司文化。

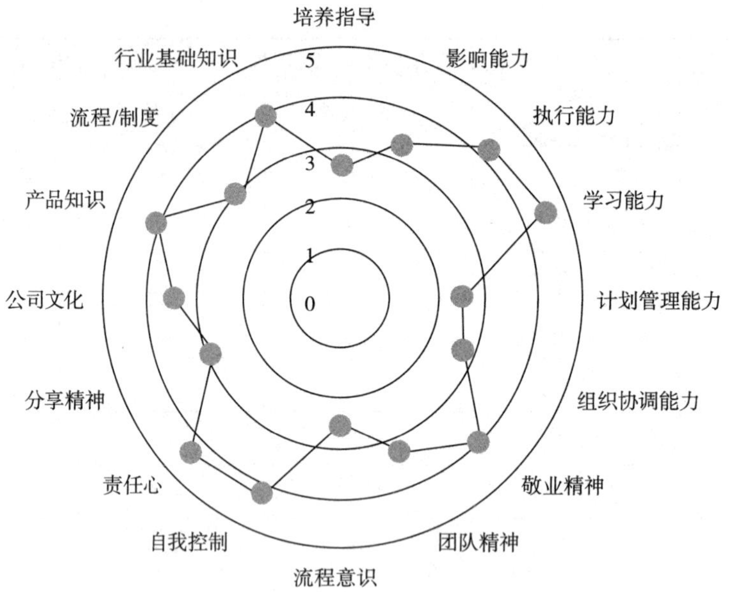

图7－3　深圳某集团技术职位族人力资源质量雷达图

如图7－4所示，我们发现该集团营销职位族普遍反映出来的胜任力“短板”为：能力项目包括计划管理能力、学习能力；素养项目包括自我控制、敬业精神、团队精神、廉洁、责任心；知识项目包括流程/制度、公司文化、行业基础知识。

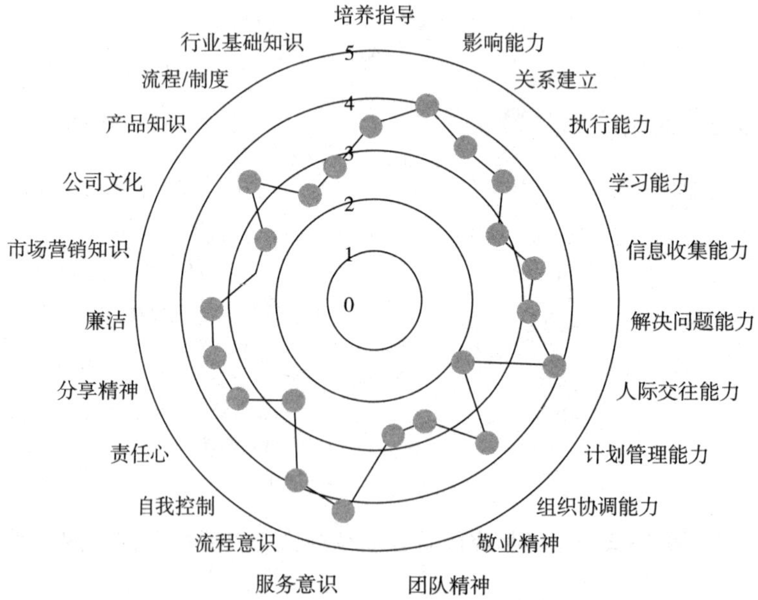

图7－4　深圳某集团营销职位族人力资源质量雷达图

综上,我们可以结合胜任力模型对企业人力资源质量进行系统盘点。

(4)人力资源成本盘点。随着人工成本的逐年上升和企业间对人力资源争夺的竞争加剧,企业人力资源成本逐年大幅上涨,因此系统规划、合理控制人力资源成本将成为企业未来人力资源管理的重中之重。人力资源成本包括人力资源获得成本(含猎头费用、招聘费用、选择成本、录用成本、安置成本等)、人力资源开发成本(含岗前教育成本、在职培训成本、脱产培训成本等)、人力资源使用成本(含工资、福利、社保、公积金等)、人力资源保障成本(含劳动事故保障、健康保障、退休养老保障等)和人力资源离职成本(含离职补偿、离职前低效成本、岗位空缺成本等)。

(5)人力资源管理机制盘点。人力资源管理包括责任机制(职责划分、权限分配)、激励机制(目标绩效、员工中长期激励)、分配机制(分配理念、分配原则、薪酬体系、福利体系)、用人机制(用人理念、用人原则)、准入机制(任职资格、员工招聘与试用)、员工成长与发展机制(职业生涯规划、员工培训、员工提拔、职位轮换等)等六大机制。

人力资源管理机制盘点就是要对人力资源管理的六大机制运行状况进行客观评价,以期发现管理机制中存在的问题,为企业进行人力资源规划与提升人力资源管理能力提供依据。

三、人力资源素质提升规划

人力资源素质提升规划也称为人力资源培训计划,就是根据不同职位任职资格的要求,为员工量身定制培训计划,以提升员工的综合能力,提高岗位适岗率。

基于胜任力的人力资源素质提升规划告诉我们,任何培训项目及内容都必须与岗位任职资格、员工实际相结合,设计阶梯式课程体系,即对于同一胜任力要素,同一职位族、不同职等的课程的深度和广度是不同的。

【案例7-2】 深圳某集团管理职位族阶梯式课程体系规划

表7-4 深圳某集团管理职位族课程规划

胜任力要素		要素名称	课程体系	职级				
				五级	四级	三级	二级	一级
能力	核心能力	战略规划	企业发展战略规划与实施	√	√			
			企业顶层设计与战略升级	√				
			年度经营计划制订与管理	√	√	√	√	
			商业模式创新	√				
		团队领导	4D领导力	√	√	√		
			情景领导力			√	√	√
			赋能型领导者的五项修炼	√	√	√	√	√
			如何打造高绩效团队			√	√	√
		培养指导	MTP中高层管理提升			√	√	√
		影响能力	形象影响力	√	√	√	√	√
	基本能力	执行能力	赢在执行力				√	√
			执行型团队打造	√	√	√		
		学习能力	第五项修炼	√	√	√	√	√
		周密思考能力	金字塔思维	√	√	√	√	√
		人际交往能力	人际风格与交往	√	√	√	√	√
		目标管理能力	目标与绩效管理	√	√	√	√	√
		计划管理能力	计划管理技巧	√	√	√	√	√
		组织协调能力	跨部门沟通与协作	√	√	√	√	√
素养	核心素养	敬业精神	高效能人士的七个习惯		√	√	√	√
		流程意识	业务流程优化与再造	√	√	√	√	√
	基本素养	自我控制	时间管理			√	√	√
		团队精神	打造华为狼性团队	√	√	√	√	√
		责任心	“把信送给加西亚”			√	√	√
			爱岗的责任意识,敬业的高效执行				√	√
		廉洁	打造阳光心态	√	√	√		

续表

胜任力要素		要素名称	课程体系	职级				
				五级	四级	三级	二级	一级
知识	专业知识	人力资源知识	中国式识人、用人、管人、留人	√	√			
			非人力资源经理的人力资源管理			√	√	√
		财务管理知识	全年预算管理	√	√			
			非财务人员的财务管理			√	√	√
	基本知识	公司文化	企业文化建设	√	√	√	√	√
			公司文化特训营	√	√	√	√	√
		产品知识	公司产品知识	√	√	√	√	√
		流程/制度	公司流程/制度	√	√	√	√	√
		行业基础知识	行业基础知识	√	√	√	√	√
备注	根据该集团职位发展通路规划，职级与职位的对应关系为：五级（集团公司总裁、集团公司副总裁）、四级（集团公司总裁助理、下属公司总经理）、三级（集团公司部门总监/副总监、下属公司副总/总助）、二级（下属公司部门经理/副经理）、一级（集团公司部门主管、下属公司部门主管）							

四、人力资源成长与发展规划

为员工提供成长与发展的路径和机会是企业人力资源规划的一项重要工作，常见的人力资源成长与发展路径规划有员工职业生涯规划与辅导、岗位轮换、职位晋升计划、脱产学习、接班人计划、挂职锻炼、导师制等，不同的方法适用于不同的群体，也具有各自的优缺点。因此，企业在选择的时候需要综合考虑。

五、人力资源成本规划

人力资源成本是一个组织为了实现自己的组织目标，创造最佳经济和社会效益，而获得、开发、使用、保障必要的人力资源及人力资源离职所支出的各项费用的总和。

企业人力资源成本包括以下五种：

1. 人力资源的获得成本

人力资源获得成本是组织在招募和录取员工的过程中发生的成本，主要包括招聘成本、选择成本、录用成本、安置成本等四种。

2. 人力资源的开发成本

为了提高工作效率，组织还需要对已获得的人力资源进行培训，以保证他们具有预期的、合乎具体工作岗位要求的业务水平，这种为提高员工的技能而发生的费用称为人力资源的开发成本。人力资源开发成本，是组织为提高员工的生产技术能力、增加组织人力资产的价值而发生的成本，主要包括上岗前教育成本、岗位培训成本、脱产培训成本等。

3. 人力资源的使用成本

人力资源的使用成本是组织在使用员工的过程中发生的成本，主要包括维持成本、奖励成本、调剂成本等，其核算方法分别介绍如下：

(1)维持成本，包括员工计时或计件工资、劳动报酬性津贴(如职务津贴、生活补贴、保健津贴、法定的加班加点津贴等)、各种福利费用(如住房补贴、幼托费用、生活设施支出等)、年终劳动分红等。其核算公式如下：

维持成本 = 员工计时或计件工资 + 劳动报酬性津贴 + 各种福利费用 + 年终劳动分红

(2)奖励成本，包括各种超产奖励、革新奖励、建议奖励和其他表彰支出等。其核算公式如下：

奖励成本 = 各种超产奖励 + 革新奖励 + 建议奖励 + 其他表彰支出

(3)调剂成本，包括员工疗养费用、员工娱乐及文体活动费用、员工业余社团开支、员工定期休假费用、节假日开支费用、改善企业工作环境的费用等。其核算公式如下：

调剂成本 = 员工人数 × 调剂成本率

4. 人力资源的保障成本

人力资源的保障成本，是保障人力资源在暂时或长期丧失使用价值时的生存权而必须支付的费用，包括劳动事故保障、健康保障、退休养老保障、失业保障等费用。

5. 人力资源的离职成本

人力资源的离职成本是由于员工离开组织而产生的成本，包括离职补偿成本、离职前低效成本、岗位空缺成本等。

六、人力资源政策规划

归根结底，无论是企业人力资源需求与供给的平衡，还是人力资源成长与发展，甚至是人力资源成本的规划与控制，都离不开企业人力资源政策的有效设计与执行。同时，人力资源政策也是保证企业人力资源规划能够落地实施的基础保障。为此，企业在进行人力资源规划时，一定要同步规划人力资源政策的提升规划。

第八章　胜任力模型与员工招聘

杰夫·斯玛特、兰迪·斯特里特在《聘谁:用A级招聘法找到更合适的人》一书中提到:制定高标准,找到A级选手。除非你不想做好,否则永远不要让B级、C级选手充斥到团队中。笔者非常认同书中的观点,但如何才能保证招到A级选手?如果企业不能建立科学合理的员工招聘体系,估计随时会有很多的B级、C级选手流入企业。另外,斯玛特、斯特里特提出的"高标准"就是基于胜任力模型规划出来的。

第一节　基于胜任力的员工招聘体系综述

员工招聘分为内部招聘与外部招聘,具体方法包括识别招聘需求、规划招聘渠道、开发面试题库、绘制招聘计分卡、组织面试、招聘录用管理、试用期管理及评价等。

(1)识别招聘需求。企业招聘需求来自三个方面:人力资源规划、人才储备计划及临时招聘计划。

(2)规划招聘渠道。不合适的招聘渠道将直接影响招聘的效率和质量,因此招聘需求确定后企业需要根据不同招聘对象确定最佳的招聘策略,识别和规划最佳的招聘渠道。

(3)开发面试题库。面试题的开发必须按照公司胜任力模型设置,同时由于不同职位族、职系的胜任力模型不同,面试题库也应该不同。

(4)绘制招聘计分卡。

(5)组织面试。

(6)招聘录用管理。

(7)试用期管理及评价。

第二节　基于胜任力的员工招聘基本方法

如前文所述,员工招聘分为七个步骤,其中面试题库开发、招聘计分卡绘制、面试组织、试用期考评都与胜任力密切相关,本书将重点对以上几个方面的胜任力应用加以详细说明。

一、识别招聘需求

招聘需求是招聘工作的起点,也是保证企业招聘工作质量的基础。企业招聘需求的来源有三个方面:

(1)人力资源规划。本书第七章详细介绍了企业为了满足未来战略需要,对人力资源的数量、质量、结构及成本进行系统规划,其中人力资源数量和质量的规划将作为企业编制招聘需求的重要输入。

(2)人力资源储备计划。有时候企业为了未来战略实现需要提前储备一些人才,这也会成为企业编制招聘需求的另外一个输入。

(3)临时招聘计划。企业内部的人力资源始终处于流动状态,随时都会发生异动状况(包括升职、降级、调动、辞职、辞退等),因此就会随时产生临时招聘需求。

二、规划招聘渠道

为了提高招聘成功率,选择恰当的招聘渠道是非常重要的,常见的招聘渠道有内部招聘、校园招聘、网络招聘、人才大市场、猎头、熟人介绍等,不同的招聘渠道都存在优点和缺点,企业需要根据不同的招聘对象进行合理选择(见表8-1)。

表 8－1　不同招聘渠道优劣势分析

招聘渠道	渠道特征	适合招聘职位	优点	缺点
内部招聘	人力资源存量有限，人力资源质量与企业文化比较吻合	所有职位	(1)为内部员工提供成长机会，对员工产生激励作用 (2)熟悉公司文化及流程，可以快速进入角色 (3)可以低成本获得	(1)可能引起内部员工之间的相互竞争，产生一定的内耗 (2)同一文化体制下的招聘，可能缺乏创新性
校园招聘	人力资源存量巨大，渠道成本较低	储备干部、中基层职位	(1)人力资源潜质比较好 (2)人力资源供给数量重组	(1)人力资源技能比较欠缺 (2)需要一定的培养周期
网络招聘	人力资源存量巨大，渠道成本较低，人力资源分类明细	所有职位，以中基层职位为主	(1)简历量大，可选择性较多 (2)能对号入座，寻找适合企业的人才	(1)简历筛选工作量巨大 (2)网络简历虚假信息的识别需要一定的经验积累
人才大市场	人力资源存量巨大，渠道成本较低	中基层职位	(1)比较直接，面对面与应聘者交流 (2)人力资源供应量大，可选择性较大	(1)时间短，对应聘者不能进行全面评价 (2)现场招聘者的个人因素容易对应聘者评价不准，导致优秀人才流失
猎头	人力资源质量较高，渠道成本较高	中高层职位	(1)招聘目的性强，招聘效率比较高 (2)应聘人员素质比较高	(1)招聘成本比较高 (2)存在很难融入企业的风险
熟人介绍	人力资源质量较高，渠道成本较低	特殊职位	(1)可以节约招聘成本 (2)熟人介绍的人员稳定性会比较好	(1)碍于面子往往会招到一些不符合岗位任职要求的人 (2)为后期的人力资源管理埋下隐患

三、开发面试题库

我们知道,不同岗位的任职要求是不同的。为了提升面试评价的全面性和准确性,企业需要根据不同岗位的任职标准开发相关的面试题库,然后针对每个岗位的要求匹配合适的面试题(见表 8-2)。

面试题库的开发需要注意两点:

(1)面试问题必须紧扣公司胜任力要素定义。

(2)面试问题必须符合“STAR”模型,其中,“S”是 Situation(情景),“T”是 Target(目标),“A”是 Action(行动),“R”是 Result(结果)。

【知识链接】 常用胜任力要素面试题库

表 8-2 常用胜任力要素面试题库

胜任力要素		要素名称	面试题库
能力	核心能力	团队领导	(1)请介绍一下你所领导的团队成员各自的优劣势,你是如何合理利用的? (2)在现有的组织结构中,你所领导的团队成员分工是怎样的?你认为有合理的调整空间吗? (3)请描述一个你帮助他人来提高技能、改变职业素养的例子。你做了哪些工作?什么是最困难的?你的做法有效吗?结果如何?他们提高得怎么样? (4)请描述一个你曾经管理过的工作业绩较差的员工的例子。具体情景是怎样的?你是如何与他进行沟通的?他在绩效上有什么提高? (5)你是否曾让下属自主决策一些事情?你是如何做的?在下属决策出现问题的时候,你又是如何做的? (6)在培养他人和授权方面你的心得有哪些?
		战略规划	(1)企业发展战略规划的常规做法是什么?你如何看待发展战略与年度经营计划之间的关系? (2)你曾经主导过企业发展战略规划吗?你是如何做的?实施效果如何? (3)请你说说自己能够发现机会或者问题,进行分析并且做出能够为组织带来价值的决策的例子。是什么样的机会或者问题?你采取了什么行动?最后的结果如何?
		战略决策	(1)请谈谈你最近一次做出的重大经营决策的过程。当时是什么情况?你是怎么做的?最终的结果如何? (2)请描述一个你需要对最佳行动方案做出决策以应对问题或者机遇的情形。你做了什么?为什么要这么做? (3)在变幻莫测的环境中,决策不可能总是正确的,在你以前的工作中,你做的最不满意的一项决策是什么?请详细谈谈当时的情况 (4)请举例说明你曾经在信息有限的情况下迅速解决的问题。你是如何着手处理的?最后的结果怎么样?

续表

胜任力要素		要素名称	面试题库
能力	核心能力	培养指导	(1)请描述一件你亲身经历的事情:你是如何将一个业绩普通的员工培养成公司业务骨干的？这个员工在接受你的培养指导前是怎样的？你对他采取了哪些针对性的培养措施？你认为他能成为公司业务骨干的主要因素有哪些？ (2)你做过什么事情来促使他人的工作能力得到最大发挥？请举例说明。你是如何发现他人发展的潜力的？你所做的事情达到的效果如何？在培养他人和授权方面你的心得有哪些？在培养他人方面有哪些技巧是你希望能够提高的？ (3)请描述你需要帮助他人来提高技能、知识或者能力的例子？你做了哪些工作？什么是最困难的？你的做法有效吗？结果如何？他们提高得如何？ (4)请举出几个你指导他人达成个人或者组织目标的例子。你做了什么事情？结果如何？ (5)请描述一下向你直接汇报的下级在个人发展上的需求,为了帮助他们解决这些需求你做过些什么？ (6)请描述一个需要你管理的工作业绩较差的员工的例子。具体的情境是怎样的？你是如何与他进行沟通的？他在绩效上有什么提高吗？
		影响能力	(1)请举例说明你是如何向他人推荐你的意见和想法的。你是如何获得他人的认可,并促使他们专注于实现这一想法的？ (2)请举例说明你是如何有效影响他人(通过与内外部关键性人物,如客户、监管机构、行业专家建立良好关系或进行游说),使其支持公司的业务目标和价值的？ (3)你曾经说服他人去实现一个看似无法达到的目标吗？你是如何做到的？其结果如何？ (4)你曾经协调冲突双方达成共识吗？你是如何做到的？其结果如何？ (5)你是否曾经让你的同事或者上级去为他们不情愿做的事情给予支持？请说说你做了哪些事情,结果如何？ (6)在工作中,你在让客户或同事接受你的工作思路和决定时,是否遇到过困难？你是如何处理的？ (7)请你举例说明你曾经使某人做他并不喜欢做的事情 (8)你在让他人接受你的观点时,是否遇到过困难？你是如何做的？

续表

胜任力要素		要素名称	面试题库
能力	核心能力	创新能力	(1)讲讲过去三个月里,你们部门发生的一些变化。你是怎样让部门和员工们适应那些变化的? (2)请说出一个你将某个想法实施到某个产品、系统或者服务的引进或者改进中的例子 (3)你能给我们讲一件你在工作中创造性的解决问题的例子吗? (4)你能说说是你自己想到的并且应用到实际工作中的最有创造性的想法吗?这个想法是何时产生的?你是如何想到的?想法实施的结果如何? (5)你在日常管理和解决问题的过程中有没有使用过非经验性的想法和做法的经历? (6)你是否遇到过需要打破常规或既有的规定来灵活处理实际问题的情况?(如有)请举例说明
	基本能力	执行能力	(1)举例说明最近按时完成的一项重要工作任务,你对工作质量评价如何?上级的评价如何? (2)举例说明曾经达到上级的期望甚至超越上级期望的工作,其初始条件是怎么样的,你是如何达成的? (3)上级布置了一项临时紧急任务,与你手头上正在处理的重要任务有冲突,你将如何处理?
		制度执行能力	(1)在你执行一项工作任务时,公司的制度与效率发生了冲突,你将如何处理?需要协调其他部门但协调不动时怎么办? (2)当你看到一名员工在违反公司制度,你会如何处理?请讲一个过去你遇到过的例子
		沟通能力	(1)我想知道你曾经遇到的最有挑战性的沟通方面的问题。你为什么认为那次经历对你最富有挑战性?你是怎样应对的? (2)有些人会将对外界的反应和深层次情感隐藏起来。对此,你是如何发现最有效的沟通方式的?请给出一个实例 (3)偶尔,我们会遇到一些人浪费我们的时间。请描述你曾遇到过的这种情况。你是怎么做的? (4)当你的工作需要其他部门协助时,你是如何取得其他部门的配合的?请举例说明

续表

胜任力要素		要素名称	面试题库
能力	基本能力	谈判能力	(1)在谈判前你通常是如何收集对方的相关信息的？ (2)举一个谈判的实例，在谈判前需要收集哪些对方的信息？通过什么渠道收集到这些信息？ (3)在谈判过程中，对方提出苛刻的条件是我方不能接受的，你提出怎样的双赢方案？请举一个你参与过的谈判例子，结果如何？ (4)在谈判过程中，当我方提出的条件是对方不能接受且谈判无法进行下去的时候，你将如何应对？请举一个你参与过的谈判例子，结果如何？ (5)请举例说明，你在某次谈判过程中，为公司争取到超预期利益目标。你是如何做到的？ (6)在谈判过程中，如何捕捉对方的利益点？举一个实例说明，你是怎样利用的？结果如何？
		学习能力	(1)你喜欢读哪类书？最近在读什么书？这本书的作者是谁？这本书的核心观点是什么？给你有何启发？借鉴书中的观点(方法)你准备如何改进自己的工作？ (2)为了提升你的工作效率，近来你都做了些什么？ (3)讲一个这样的经历：发生了一件对你来说很糟糕的事情，但后来证明，你从这个糟糕的事件中学到了很多 (4)你是怎样有意识地提高自己的工作技能、知识和能力的？你用什么办法来达到这一目的？ (5)请讲出一件你通过学习尽快胜任新的工作任务的事。你要从事的工作任务是什么？接到任务后你怎么办？你用了多长时间获得完成该任务所必需的知识？你在这个过程中遇到困难了吗？你最后完成任务的情况如何？ (6)请讲讲你从某个项目或任务中学到了什么？
		适应能力	(1)进入一个新的工作环境中，你需要多久才能够融入进去？ (2)举例说明你一般会怎样去建立良好的工作伙伴关系？ (3)在以往的工作过程中，你曾经为其他同事提供过什么样的帮助？是主动的还是被动的？

续表

胜任力要素		要素名称	面试题库
能力	基本能力	信息收集能力	(1)请你告诉我在过去几个月内你涉猎到的对你工作很有启发的资料。该资料的大致内容是什么？你是从哪里获得该资料的？资料中的观点给你什么样的启发？ (2)你的上司让你去收集一下公司所处行业发展前景的资料，你打算如何去做？ (3)在你的专业中，目前使用频率最高的技术(包括管理)是什么？你认为你已经掌握这些技术了吗？请问你打算如何去学到这些技术？ (4)公司收到一份投标邀请函，领导让你去对发标方做一个背景调查，你打算如何去做？
		演绎推理能力	(1)如果让你对本部门的低绩效做一个比较全面的总结，你打算从哪些方面进行分析？ (2)有人说中国人缺乏创造性，只有中国制造而没有中国创造，你认为这种现象主要是由哪些原因造成的？如果你能改变这一现状，你将如何做？请简述
		归纳分析能力	(1)请简单归纳一下你在前一份工作中有何收获？ (2)请比较一下你最喜欢的两家企业的企业文化有什么相同点和不同点？ (3)你认为目前中国最具有发展潜力的行业是哪个？请简单阐述一下理由 (4)你最喜欢的中国城市是哪个？请简单归纳一下你为什么喜欢这个城市？
		解决问题能力	(1)在最近的工作中，你遇到过的比较棘手的问题有哪些？举其中一两例说明你是如何处理的？结果如何？你怎么评价处理结果？ (2)在同一个工作岗位上，举例说明你曾有效解决过什么问题或事故？通过总结得出过什么合理的措施预防同类问题或事故的发生？效果如何？ (3)上级领导安排了一项工作任务，但是没有明确的工作方法，需要你给出工作方案，你将如何着手组织？ (4)你如何理解“发现问题—分析问题—解决问题—杜绝问题”的工作思路？请举一个例子说明当时遇到了什么问题？你是如何解决的？采取了哪些杜绝措施？

续表

胜任力要素		要素名称	面试题库
能力	基本能力	人际交往能力	(1)在一个部门中,你有几个工作上合作关系良好的同事?在整个公司中呢? (2)公司中,你有几个同事在业余时间也会经常联络和一起外出? (3)在和一个令你讨厌的人一起工作时,你是怎样处理和他在工作中的冲突的? (4)想想你共事过的同事,他们工作中各自的缺点是什么? (5)讲一些你和你的上级领导有分歧的事例,你是怎样处理这些分歧的? (6)和团队中他人紧密合作有时特别难。作为团队中的一员,请说说你遇到的最具有挑战性的事情是什么?
		分析判断能力	(1)如果让你对本部门的绩效状况做一个比较全面的总结,你打算从哪些方面进行分析? (2)在工作中,举例说明你是如何分析遇到的问题的,在问题解决过程中你提出了哪些有价值的建议? (3)有人说目前中国的房地产市场存在泡沫,你认同这个观点吗?为什么? (4)如果你有一笔资金去创业,第一件事会做什么?为什么?
		口头表达能力	(1)请简单归纳一下你在前一份工作中有何收获? (2)请总结一下通过有限的几次接触,你对本公司的印象 (3)谈谈你对自己的评价 (4)谈谈你对新的工作和公司的期望
		书面表达能力	(1)在以往的工作过程中,你编制的工作计划、工作总结、工作报告有哪些?频率是多少? (2)举例你参与起草或编制的文件 (3)举例几种常见的公司文件格式和要求
		电脑操作能力	(1)你最熟悉的办公软件是什么?在以往的工作中,你使用过的系统软件有哪些? (2)在使用的各种办公软件中,举两例说明你认为你所掌握的比较有难度的操作技巧 (3)在工作过程中,你有没有帮助同事解决过计算机操作的问题?如有,请举例说明

续表

胜任力要素		要素名称	面试题库
能力	基本能力	领导能力	(1)举例说明你曾经提出过并被采纳的调整你所领导的团队职责分工情况,包括授权、岗位设置、编制等,这些调整建议带来了哪些分工上的优势？存在哪些风险？如何控制风险？ (2)在完成工作任务的过程中你给予过下属哪些帮助？当下属提出一些不合理的资源需求时,你是如何答复的？ (3)举例说明你所领导的团队中,授权存在哪些风险？这些风险你是如何监控的？
		决策能力	(1)请举例说明,在兼顾短期和长期利益的情况下,你所做出的一个重要决策以顺应市场或公司内部的经营状况 (2)请想一想你最近做出的“好”和“不好”的决定。请描述你做出这些决策的过程 (3)请你给出一个自己不得不做出艰难决定的例子,决定的结果是怎样的？ (4)请你举出一个自己的某项或者一系列决策为公司带来好处的例子。你对于整个决策制定过程的贡献是什么？ (5)请描述一个你自己需要在相当短的时间内做出艰难决策的例子。你做了哪些事情,结果是什么？
		目标管理能力	(1)你通常是如何有效监控团队成员工作目标与工作计划执行情况的？ (2)举例说明你曾经做过的项目的计划及实施过程 (3)请说说你在自己部门里执行长期或者短期的计划的例子。你是怎样保证计划能够符合时间、进程和成本要求的？ (4)请描述你是如何为自己或者他人的工作制订计划的？请举出一些具体的例子 (5)你如何监控和跟踪计划的实施过程,从而保证计划的落实？ (6)请举出你的公司里多个部门需要一起合作来完成某项目标的例子。你在这种情况下做了什么？你在这个过程中参与到了什么程度？

续表

胜任力要素		要素名称	面试题库
能力	基本能力	计划管理能力	(1)你是如何监控和跟踪计划的实施过程,从而保证计划的落实的? (2)你是如何将公司目标分解到部门计划中的?这些目标又是如何分解到各个下属岗位的?请举例说明。 (3)阻碍部门工作计划有效执行的因素有哪些?你是如何解决的? (4)举例说明如何使下属明确任务要求和衡量标准 (5)举例说明在下属编制工作计划和实施的过程中你给予的各种支持
		组织协调能力	(1)请讲讲你亲自担任一个大型活动或会议总负责的经历:这次活动或会议的难点是什么?动用到了哪些资源(含人、财、物)?在协调这些资源中碰到了哪些困难?你是如何解决的? (2)假如由你主持召开某月份的总经理办公会(高层和各部门负责人参加),会议前一天有人请假外出会见一个重要客户,而这个同事原计划要在总经理办公会上做重要发言,请问你准备如何处理? (3)你能说出一个你为了组织利益而去发展或者利用关系(内部或者外部)的例子吗?(你是怎么联系有关人员的?) (4)请举例说明你在领导一个项目时如何协调和运用内外部资源(包括时间、经费和人力资源等)? (5)请举例说明在领导项目过程中,你面临过哪些资源上的限制?你是如何解决的? (6)请举例说明你是如何协调不同部门资源,推动部门间合作的?
		冲突解决能力	(1)请你讲一下和一个有非常糟糕习惯的人在一起工作的经历。你是怎样使对方改变他的不良行为的? (2)假如你所在部门的两个同事的冲突已经影响到整个团队,让你去调节冲突,并使冲突双方能够自己解决问题,你会怎样做? (3)请举例说明在工作中你通过跨不同部门协同完成一项工作的经历,当时是什么情况?你是如何做的?效果怎样?
		过程监控能力	(1)你对下属在制定工作目标和工作计划时的要求具体到什么程度? (2)你是如何对下属工作完成进度和最终达成情况进行检查的?请举例说明 (3)对于月度的工作目标,你会多久关注一次工作进度情况?你会要求下属多久向你汇报一次? (4)当下属的工作进展偏离既定目标时,你是如何处理的? (5)在过去的工作中,举例说明你的下属出现过的最大的工作失误。当时你采取了什么样的措施?结果如何?

续表

胜任力要素		要素名称	面试题库
能力	基本能力	团队建设能力	(1)请讲一件你亲身经历的事情,你是如何将一个业绩普通的员工培养成公司业务骨干的:这个员工在接受你的培养指导前是怎样的?你对他采取了哪些针对性的培养措施?你认为他能成为公司业务骨干的主要因素有哪些? (2)你做过什么事情来促使他人的工作能力得到最大发挥?请举例说明 (3)在培养他人方面有哪些技巧是你希望能够提高的?
		文化传播能力	(1)描述你对公司的企业文化的理解 (2)参与或组织过的文化活动有哪些?你在这个文化活动过程中的角色是什么? (3)在公司的企业文化建设中,你曾经提出过什么好的建议? (4)你是通过哪些渠道向公司内外传播公司的企业文化的?
素养	核心素养	坦诚	(1)请举例说明表现你处事公正的事情 (2)你是否曾因他人违反规定而批评过对方?你是如何做的? (3)请通过事例向我们说明,你在工作中遇到有关人情方面的问题,你是怎么处理的? (4)你发现同事甲将工作失误的原因推卸给了同事乙,而你的上司为此惩罚了同事乙,你准备怎么做?
		卓越	(1)请谈一次在你的工作经历中,你不满足于现状,力求把工作做得更好的例子 (2)你是如何给自己的工作设定目标的? (3)你的上司要求你每个月的绩效考核成绩提高5%,你准备做出何种反应? (4)你如何看待你在前一份工作中取得的成绩?

续表

胜任力要素		要素名称	面试题库
素养	核心素养	坚忍	(1)请你告诉我你最近经历过的非常紧张和繁忙的时候。这是什么时候的事？这段时间与平时相比使你感到紧张的程度如何？你是如何度过这段时间的？你最终将工作完成得怎么样？工作完成后你当时的感受如何？ (2)请谈一次自己的观点得不到别人的理解，但仍坚持将自己的想法实施到经营管理工作中的例子 (3)在实际工作中，你的主张观点同事们非常赞同，而你的上司却很不满意，这时你会怎么办？ (4)你的领导给你布置了一项你以前从未接触过的任务，你打算如何去完成它？（如果有类似的经历说说完成的经历） (5)你有没有过失业或暂时待业经历，谈谈当时的生活态度和心情状态 (6)假如你喜欢上了一个人，但你对他（她）表白后受到拒绝并说你们是不可能的，拒绝的原因是她已有男朋友，但她也并不讨厌你，接着你将采取什么行动？ (7)假如在公众场合中，有一个人有意当众揭你的短处或隐私，你会怎样去处理？
		快速响应	(1)在你的工作中有哪些工作内容是需要团队协作的？在这个工作中你是用什么样的方法或形式与下一流程的人员对接的？在对接过程中遇到过哪些问题？你是如何处理或解决的？结果怎样？ (2)请举例说明你是如何坚持遵守公司流程、制度且在没有任何监督的情况下也没有放弃原则的？曾引起同事怎样的不满？你是如何处理的？ (3)在最近的工作中，你遇到过哪些事务是公司的流程、制度没有明文规定的？你是如何处理的？ (4)举例说明你参与过的流程优化案例，你贡献的建议是什么？
		接力	(1)如果工作中遇到需要你指导、协助或阶段增加其他工作份额的情况，你会如何处理？请举例说明 (2)请描述这样一个工作经历：你与其他同事一起承担一项工作，但同事所承担的工作无法在规定时间内完成，你应该如何处理？ (3)你过去从事岗位的上、下游分别是谁？他们对你所从事岗位的诉求是什么？你是如何满足的？ (4)由于上游同事的原因导致你的工作无法有效开展，你会怎么做？

续表

胜任力要素		要素名称	面试题库
素养	核心素养	服务	(1)请谈一次为了团队目标的达成,你做出额外努力的事情,当时的情况是什么样的? (2)到目前为止,你所遇到的任务最繁重、加班加点时间最长的一次工作经历是什么?当时你是如何处理的? (3)你在以前的工作经历中,最辛苦的一段时间是在哪家公司?当时的情况如何?你是如何克服的?后来为何离开? (4)你所在的岗位和部门,主要的客户对象有哪些?这些客户的主要需求是什么?
		创新	(1)在你岗位的工作过程中,有哪些你觉得可以改进工作方法或采用新的技术有效提高工作效率的?你曾经尝试去实现吗? (2)请说出一个你最想将某个想法实施到某个产品、系统或者服务的引进或者改进中的例子 (3)分析一个你想尝试的创新例子,说说可能存在的风险、带来的效率提升、成本收益等 (4)根据你的观察,公司各部门有哪些地方需要创新?风险、成本和收益如何? (5)举例说明你质疑工作中已存在的解决问题模式,并谈谈你的想法
		目标	(1)你过去从事的工作有哪些具体可以量化的目标?举例说明你是如何通过自己的努力达成那些目标的? (2)请告诉我目标确定的 SMART 原则具体指什么? (3)你如何看待公司目标、部门目标、员工个人目标之间的关系? (4)假设领导给你的目标远远超出你的期望,你应如何处理?在过去的工作中你是否遇到过这样的例子,请具体描述一下
		成长	(1)你个人的人生目标是什么?为了实现自己的人生目标在过去的工作中你是如何做的? (2)你对自己目前的人生状态满意吗?如果不满意,请分析一下具体的原因。 (3)请描述一个具体的场景:你是如何通过个人的努力帮助团队共同进步的? (4)如果团队中有人需要你的帮助,你会怎么做?请描述一个具体案例

续表

胜任力要素		要素名称	面试题库
素养	核心素养	流程意识	(1)请举例说明一件表现你做工作具有标准化意识的事情 (2)你是否曾因他人违反规定而批评过对方？你是如何做的？ (3)请通过事例向我们说明，你在工作中遇到有关人情方面的问题，你是怎么处理的？ (4)请举例说明你是如何坚持遵守公司流程、制度且在没有任何监督的情况下也没有放弃原则的？曾引起同事怎样的不满？你是如何处理的？ (5)在最近的工作过程中，你遇到过哪些事务是公司的流程、制度没有明文规定的？你是如何处理的？ (6)举例说明你参与过的流程优化案例，你贡献的建议是什么？
	基本素养	敬业精神	(1)请谈一次为了团队目标的达成，你做出额外努力的事情，当时发生的情况是什么样的？ (2)到目前为止，你所遇到的任务最繁重、加班加点时间最长的一次工作经历是什么？当时你是如何处理的？ (3)你在以前的工作经历中，最辛苦的一段时间是在哪家公司？当时的情况如何，你是如何克服的？后来为何离开？ (4)你在下班回家的路上接到上司的电话，让你回公司加班完成一项工作，而你已经约好回家为家人庆祝生日，你准备如何回复你的上司？
		自我控制	(1)我们的工作与生活历程并不是一帆风顺的，谈谈你的工作或生活或求学经历中出现的挫折或低潮期，你是如何克服的？你觉得自己的成长来自哪些方面？ (2)请谈谈你在工作中如何面对烦琐的工作保持耐心的例子 (3)某天上班的时候，你的两个下属因为工作原因发生矛盾争吵了起来，恰好该事件被你的上司知道了，请问你准备怎样处理这件事？ (4)你的上司误解了你，在会议上点名批评了你，请问你会做出何种反应？

续表

胜任力要素		要素名称	面试题库
素养	基本素养	责任心	(1)请说说你不得不做出一个周围人都不赞同的决定的情况,具体情形是怎样的?你做了什么?为什么这么做? (2)请描述一个你自己在还没有得到所有信息前就要做出决策的例子。你所考虑的因素的优先级是怎样的?你怎样应对不确定性? (3)你经常对工作做些改进或向领导提建议吗?请举例说明 (4)你的下属未按期完成你所布置给他的任务,如果你的上司责怪下来,你认为这是谁的责任,为什么? (5)当你所在的团队处于竞争劣势时,你有什么想法和行动? (6)在跨组织的任务中,由于涉及过多成员,最后易形成"责任者缺位"现象,你如果身处其中,会是什么心态?
		团队精神	(1)请描述你帮助他人来提高技能、改变职业素养的例子?你做了哪些工作?什么是最困难的?你的做法有效吗?结果如何?他们提高得如何? (2)请描述一个你曾经管理过的工作业绩较差的员工的例子。具体情景是怎样的?你是如何与他进行沟通的?他在绩效上有什么提高? (3)你是否曾让下属自主决策一些事情?你是如何做的?在下属决策出现问题的时候,你又是如何做的?
		客户导向	(1)你所在的岗位和部门,主要的客户对象有哪些?这些客户的主要需求是什么? (2)举例说明你所在的岗位或部门对客户需求的响应大概需要多少时间? (3)在最近的一段工作时间,你或者你的团队采取过什么有效措施以改进对客户需求的满足?实施效果如何? (4)在制定相关决策时,有没有和客户充分沟通过以征求客户意见?请举例说明 (5)举例说明:在以往的工作中,你和你的团队曾提前预测到客户的需求或主动提出客户还未要求的潜在需求,采取的措施明显超出客户满意期望的事例 (6)描述一次和客户一起做出有关决策并让客户感到满意的事例

续表

胜任力要素		要素名称	面试题库
素养	基本素养	诚信	(1)如果在工作中发现身边的同事有欺上瞒下的情形,你会如何解决? (2)你认为一个人诚信的具体表现是什么? (3)在过往的工作经历中,你是否遇到过不诚信的人或事?你当时是怎么想的?又是怎么做的? (4)你发现同事甲将工作失误的原因推卸给同事乙,而你的上司为此惩罚了同事乙,你准备怎么做?
		成就导向	(1)你所在的岗位或部门最近一个阶段的主要工作成果有哪些?举一两个例子说明是如何达成的? (2)你所在的岗位或部门下一个阶段的主要工作成果有哪些?达成这些需要什么样的资源?这些资源如何获取? (3)举例说明你曾经完成过的一项任务,这项任务在过程中几乎是不可能完成的,但通过方法的改进或资源的争取而最终达成了目标 (4)你曾经给下属下达过什么难度较大的工作任务?你是如何要求的?又是如何协助其完成的? (5)上级布置了一项难度极大的任务,以你现有条件几乎是不可能完成的,你准备怎么办?
		忠诚度	(1)请讲一个你曾经遇到的不忠于公司和主要客户利益的人,你是怎样对待他的? (2)在日常生活和工作中,什么行为才能表现出一个人的忠诚来? (3)若平时你发现你办公室的人或你的下属偷窃了少量的办公用品,你会制止他们吗?如果会的话,你该怎样做? (4)假如一位同事给你讲了一件十分重要的事情或秘密,你觉得你的老板也应该知道这件事,你该怎么做? (5)假如老板对你的工作进行了调整,但是在调整之前,老板并没有向你通气,假如调整后的工作很难做,你该怎么办?

续表

胜任力要素		要素名称	面试题库
素养	基本素养	全局意识	(1)请说明一件需要你跳出局部利益,甚至牺牲局部利益,从公司整体角度考虑解决问题的事例。当时的情形是怎样的?你采取了什么解决方案?最后的结果是什么样的? (2)是否存在需要你牺牲部门目标来完成组织目标的情况?你当时考虑了哪些因素,当你做出决定时想到了什么? (3)你有没有遇到过部门的工作和公司整体利益发生冲突的情况?如果面临这种情况,你将如何处理?请举例说明 (4)请举一个你在工作中顾全大局,最终成功完成任务的例子

四、绘制招聘计分卡

招聘需求一旦确定，用人部门就需要根据岗位任职资格标准为每个需要招聘的岗位编制招聘计分卡，招聘计分卡共由四个部分构成，如图 8－1 所示：

（1）岗位使命。在招聘计分卡中需要明确招聘岗位使命是什么。

（2）岗位近期及中期工作成果描述。清晰地描述招聘岗位在未来半年、一年内需要达成的 3～5 项主要工作成果，工作成果的描述需要量化。

（3）岗位胜任力。根据岗位任职资格要求，对该岗位需要具备的核心能力和素养进行描述。

（4）文化适应性。越是有能力的人，可能对公司文化的敏感性会更强，因此，应根据每个岗位的任职要求，结合公司文化识别出招聘岗位必须考察的文化适应性项目。

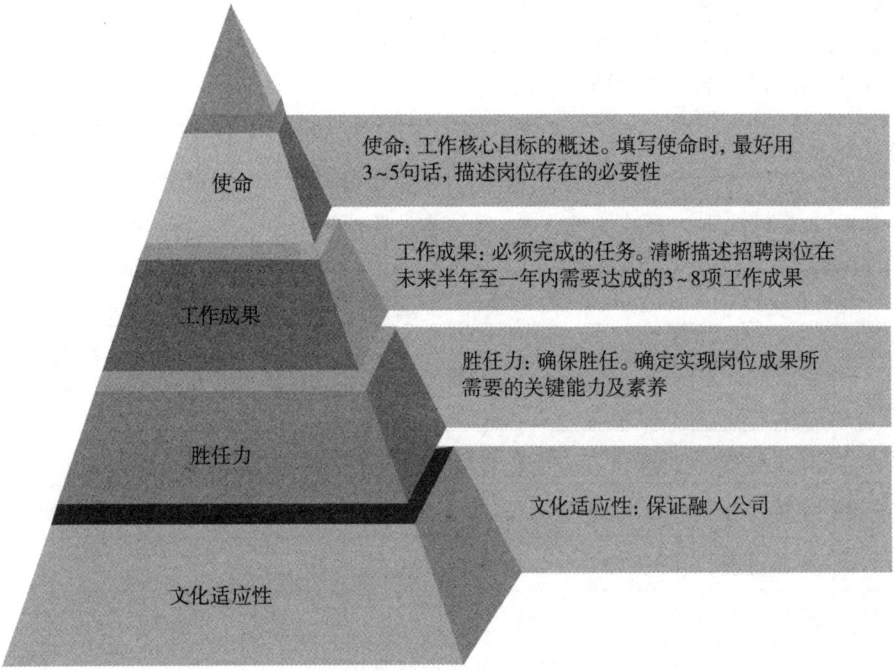

图 8－1　招聘计分卡

【案例8-1】 深圳某集团销售副总、人力资源部经理招聘计分卡

表8-3 深圳某集团销售副总招聘计分卡

<table>
<tr><td>岗位使命</td><td colspan="2">(1)同企业客户签订大额订单，获取利润，用3年让公司利润翻一番
(2)组建一支业务拓展团队来开发新客户</td></tr>
<tr><td colspan="3">关键工作成果及评价记录</td></tr>
<tr><td colspan="2">工作成果描述</td><td>评价及结论</td></tr>
<tr><td colspan="2">(1)截至第二年末，将收入从2500万美元提升到5000万美元(年增长25%)</td><td></td></tr>
<tr><td colspan="2">(2)把企业客户从第一年的4个提升到第二年的8个，再到第二年的10个</td><td></td></tr>
<tr><td colspan="2">(3)截至第二年末，使零售顾客销售收入占销售增额的比例由75%降低到50%</td><td></td></tr>
<tr><td colspan="2">(4)截至第二年末，把税前利润率从9%提升到15%。其中，截至第一年末，将客户订单中占附加销售额70%的包装销售利润从33%提升到90%</td><td></td></tr>
<tr><td colspan="2">(5)提交准确率为90%的销售预测报告</td><td></td></tr>
<tr><td colspan="2">(6)截至第二年末，针对所有销售人员，设计并展开培训</td><td></td></tr>
<tr><td colspan="3">任职资格及评价结果</td></tr>
<tr><td>任职条件</td><td>定义</td><td>评价及结论</td></tr>
<tr><td>高效</td><td>以最小的投入获取最大的收获</td><td></td></tr>
<tr><td>诚实</td><td>保守秘密，不投机取巧，坦诚沟通，可信</td><td></td></tr>
<tr><td>组织规划</td><td>能够迅速制订计划，拟定日程，分配预算</td><td></td></tr>
<tr><td>进取</td><td>行动迅捷，姿态强势</td><td></td></tr>
<tr><td>兑现承诺</td><td>坚守任何口头和书面的承诺</td><td></td></tr>
<tr><td>善于分析</td><td>对各种资料进行深度分析，提出建设性结论</td><td></td></tr>
<tr><td>专注细节</td><td>不忽略任何工作中的细节</td><td></td></tr>
<tr><td>积极主动</td><td>不需要交代就能够去做，并给公司贡献新想法</td><td></td></tr>
<tr><td colspan="3">文化适应性</td></tr>
<tr><td colspan="2">认同公司使命、愿景、发展战略及核心价值观</td><td></td></tr>
</table>

表 8－4　深圳某集团人力资源部经理招聘计分卡

<table>
<tr><td>应聘人姓名</td><td></td><td>应聘岗位名称</td><td>人力资源部经理</td><td>用人部门</td><td colspan="2">人力资源部</td></tr>
<tr><td>岗位使命</td><td colspan="6">通过人力资源管理、行政管理、安全管理，为公司提供人力资源支持、行政后勤服务，保障公司各部门业务正常运转</td></tr>
<tr><td colspan="7">关键工作成果及评价记录(40%)</td></tr>
<tr><td colspan="3">关键工作成果描述</td><td colspan="3">评价及结论</td><td>评分</td></tr>
<tr><td colspan="3">(1)在 12 月 31 日前根据公司年度经营计划，完成各部门目标责任书签订</td><td colspan="3"></td><td></td></tr>
<tr><td colspan="3">(2)1 月 31 日前完成公司年度人力资源规划</td><td colspan="3"></td><td></td></tr>
<tr><td colspan="3">(3)2 月 10 日前完成公司信息化建设规划</td><td colspan="3"></td><td></td></tr>
<tr><td colspan="6">关键工作成果平均分</td><td></td></tr>
<tr><td colspan="7">基本能力及评价结果(10%)</td></tr>
<tr><td>基本能力项</td><td>定义</td><td colspan="3">参考问题</td><td>评价及结论</td><td>评分</td></tr>
<tr><td>执行能力(3 级)</td><td>经常提前完成工作任务，能主动思考并提出有效提高工作效益的建议</td><td colspan="3">(1)举例说明最近按时完成的一项重要工作任务。自己对工作质量评价如何？上级的评价如何？
(2)你是如何监控和跟踪计划的实施过程，从而保证计划的落实的？
(3)在你执行一项工作任务时，公司的制度与效率发生了冲突，你将如何处理？需要协调其他部门而协调不动时怎么办？</td><td></td><td></td></tr>
<tr><td>沟通能力(3 级)</td><td>沟通技巧较高，具有较强的说服力和影响力，有较强的感染力</td><td colspan="3">(1)请你讲一下和一个有非常糟糕习惯的人在一起工作的经历。你是怎样使对方改变他的不良行为的？
(2)假如你的两个同事的冲突已经影响到整个团队，让你去调节冲突并使冲突双方能够自己解决问题，你会怎样做？
(3)当你的工作需要其他部门协助时，你是如何取得其他部门的配合的？请举例说明</td><td></td><td></td></tr>
</table>

续表

核心能力项	定义	参考问题	评价及结论	评分
谈判能力（3 级）	（略）	（略）	（略）	
解决问题能力（3 级）	（略）	（略）	（略）	
书面表达能力（3 级）	（略）	（略）	（略）	
基本能力平均分				
核心能力及评价结果（20%）				
核心能力项	定义	参考问题	评价及结论	评分
目标与计划管理能力（3 级）	能够独立制订所负责的团队或者所管辖领域的工作目标与计划，并能对目标进行有效分解；能够应对目标与计划实施过程中存在的潜在的风险与障碍，并能制定相应的应对措施	（1）你是如何将公司目标分解到部门计划中的？这些目标又是如何分解到各个下属岗位的？请举例说明 （2）你通常是如何有效监控团队成员工作目标与工作计划执行情况的？ （3）请说说你在自己部门里执行长期或者短期的计划的例子。你是怎样保证计划能够符合时间、进程和成本要求的？ （4）请举出你的公司里多个部门需要合作来完成某项目标的例子。你在这种情况下做了什么？你在这个过程中参与到了什么程度？	（略）	
组织协调能力（3 级）	（略）	（略）	（略）	
团队建设能力（2 级）	（略）	（略）	（略）	
文化传播能力（3 级）	（略）	（略）	（略）	
核心能力平均分				

续表

基本素养及评价结果(10%)				
基本素养项	定义	参考问题	评价及结论	评分
敬业精神	爱岗敬业,能够遵照工作职责与岗位规范、制度等要求完成和改善工作,自觉维护公司利益与形象,不计得失付出自己的努力和贡献	(1)到目前为止,你所遇到的任务最繁重、加班加点时间最长的一次工作经历是什么?当时你是如何处理的? (2)你在以前的工作经历中,最辛苦的一段时间是在哪家公司?当时的情况如何?你是如何克服的?后来为何离开? (3)你在下班回家的路上接到上司的电话,让你回公司加班完成一项工作,而你已经约好回家为家人庆祝生日,你准备如何回复你的上司?	(略)	
责任心	(略)	(略)	(略)	
服务意识	(略)	(略)	(略)	
流程意识	(略)	(略)	(略)	
基本素养平均分				
核心素养及评价结果(20%)				
核心素养项	定义	参考问题	评价及结论	评分
大局意识	开展工作或进行决策时,能够考虑他人、其他部门或公司整体的情况,从公司的整体或长远利益出发,顾全大局,为了整体利益能够牺牲局部利益或个人利益	(1)请说明一件需要你跳出局部利益,甚至牺牲局部利益,从公司整体角度考虑解决问题的事例?当时的情形是怎样的?你采取了什么解决方案?最后的结果是什么样的? (2)是否存在需要你牺牲部门目标来完成组织目标的情况?你当时考虑了哪些因素,当你做出决定时想到了什么? (3)请举一个你在工作中顾全大局,最终成功完成任务的例子	(略)	
结果导向	(略)	(略)	(略)	
核心素养平均分				

续表

文化适应性评估	
评估记录	
综合评价结论	
评价结论	□正式试用 □直接淘汰

五、组织面试

通常情况下，企业的招聘面试有四个环节：筛选面试、升级面试、专项面试和背景调查。筛选面试的目的是剔除不合格者，升级面试的目的是选准拟录用人才，专项面试的目的是让用人部门对拟录用者进行评价，背景调查是为最终确定信息的真伪，提供最终决策依据。但无论哪个环节的面试，选择和采用恰当的面试手段和方法都至关重要。

1. 常见的面试方法

常用的面试方法有STAR面试法、结构化面试法、压力面试法、评价中心法等。

（1）STAR面试法。STAR面试法是最常用的一种面试方法，其中，"S"是Situation（情景），"T"是Target（目标），"A"是Action（行动），"R"是Result（结果）。用这个面试法能很快挖掘出应聘者过去所做过的事情。先问情景——以前是在什么情况下做这件事的；然后问目标——能不能告诉我你做这件事的目的是什么；接下来问行动——你为了做这件事情采取了哪些行动；最后问结果——做完这件事情的结果是什么。

（2）结构化面试法。结构化面试法是指依据预先确定的内容、程序、分值结构进行的面试形式。在面试过程中，主试人必须根据事先拟定好的面试提纲逐项对被试人测试，不能随意变动面试提纲，被试人也必须针对问题进行回答，面试各个要素的评判也必须按分值结构合成。也就是说，在结构化面试中，面试的程序、内容以及评分方式等标准化程度都比较高，使面试结构严密、层次性强、评分模式固定。

面试前，要根据具体职位的需要对人的素质的不同方面进行问题设计，有时还会预先分析这些问题的可能回答，并针对不同的答案划定评价标准，以帮助主试人进行评定。

在面试中，由主试人根据面试提纲逐项向被试人提出问题，被试人必须针对问题进行回答。多个被试人都会面对同样的一系列问题，面试的内容因此而具有可比性；如此，对所有面试者来说都比较公平。由于被试人对同样的问题进行回答，主试人根据统一的评分标准进行评价，操作起来比较方便而且容易做出公正的评判。

（3）压力面试法。所谓压力面试法，是指在面试过程中，招聘人员提出一些具有困难性、挑战性、非常规性的问题或设计类似的场景，通过追问或者质问的方式，有意制造出紧张而有压力的气氛，观察应聘者的反应和回答，以探测应聘者深层次的素质和个性。

（4）评价中心法。评价中心法是一种综合性的面试方法，同时使用多种不同的测评技术对应聘者的心理进行评价。一般而言，它总是针对特定的岗位来设计、实施相应的测评方法与技术。通过对目标岗位的工作分析作业，在了解岗位的工作内容与职务素质要求的基础上，招聘人员事先创设一系列与工作高度相关的模拟情景，然后将被试人纳入该模拟情景中，要求其完成该情景下多种典型的管理工作，如主持会议、处理公文、商务谈判、处理突发事件等。在被试人按照情景角色要求处理或解决问题的过程中，主试人按照各种方法或技术的要求，观察和分析被试人在模拟的各种情境压力下的心理、行为表现，测量和评价被试人的能力、性格等素质特征。

2. 常见的面试误区

在面试评价过程中，面试考官经常陷入一些评价的误区中，如果不能及时消除，很可能会造成评价失真。

（1）像我。主试人发现与应聘者有共同的爱好、经历，如两人是校友、都爱打篮球、都爱吃辣椒等，在这种情况下，主试人就很可能忽略一些应聘者的缺点和不足。

（2）晕轮效应。晕轮效应是指根据不完全的信息，即第一印象做出的对被知觉对象的整体印象与评价。人与人见面约 5 分钟后就会产生第一印象。最好的办法是用驳回代替确认，即利用预先判断作为假设，围绕其假设进行提问，并试图将其驳回。总之，第一个五分钟对应聘至关重要，招聘者切不可妄下结论。

（3）相比错误。比如来了很多应聘者，其中有一个非常出色、非常有光彩，一同应聘的其他人与他相比，就显得很一般，这就叫相比错误。

(4)首因和近因错误。一天中来应聘的人特别多,安排得满满当当的,主试人通常记住的是第一个来的,而中间的那些应聘者,因为种种原因有可能会被主试人扼杀掉、淡化掉,记不住他们,这叫首因。同时,记住离主试人最近的,发生事情最近的,叫近因。这两个效应会把中间的候选人直接扼杀了。

(5)盲点。如在招聘总经理秘书的时候,面试人发现候选人中有一个人特别合适,什么技能都很好,就是稍微有点粗心。面试人就会想:没事儿,没什么了不起的,我不是也粗心吗?这就是盲点,要求主试人必须特别注意。

(6)刻板印象。刻板印象就是指有时对某个人产生一种固定的印象。例如,一听到老年人,马上就认为这是一个保守的人;认为穿牛仔裤的人一定是思想开放的人;等。这种刻板印象往往会影响主试人客观、准确地评价面试者。

(7)联想效应。所谓"联想效应",是指当应聘者表露出在某一方面有特长时,主试人便由此联想到他在其他方面也无所不能。

(8)倾听错误。所谓倾听是一种听对方讲话的技巧,可惜的是,主试人在倾听上不下功夫,造成了许多的倾听错误。

【案例8-2】接【案例8-1】 深圳某集团人力资源部经理面试评价

表8-5 深圳某集团人力资源部经理面试评价

应聘人姓名	张三	应聘岗位名称	人力资源部经理	用人部门	人力资源部
岗位使命	通过人力资源管理、行政管理、安全管理,为公司提供人力资源支持、行政后勤服务,保障公司各部门业务正常运转				
关键工作成果及评价记录(40%)					
关键工作成果描述		评价及结论			评分
(1)在12月31日前根据公司年度经营计划,完成各部门目标责任书签订		(略)			75
(2)1月31日前完成公司年度人力资源规划		(略)			85
(3)2月10日前完成公司信息化建设规划		(略)			65
关键工作成果平均分					75

续表

基本能力及评价结果(10%)				
基本能力项	定义	参考问题	评价及结论	评分
执行能力(3级)	经常提前完成工作任务,能主动思考并提出有效提高工作效益的建议	(1)举例说明最近按时完成的一项重要工作任务。自己对工作质量评价如何?上级的评价如何? (2)你是如何监控和跟踪计划的实施过程,从而保证计划的落实的? (3)在你执行一项工作任务时,公司的制度与效率发生了冲突,你将如何处理?需要协调其他部门而协调不动时怎么办?	(略)	70
沟通能力(3级)	沟通技巧较高,具有较强的说服力和影响力,有较强的感染力	(1)请你讲一下和一个有非常糟糕习惯的人在一起工作的经历。你是怎样使对方改变他的不良行为的? (2)假如你的两个同事的冲突已经影响到整个团队,让你去调节冲突并使冲突双方能够自己解决问题,你会怎样做? (3)当你的工作需要其他部门协助时,你是如何取得其他部门的配合的?请举例说明	(略)	65
谈判能力(3级)	(略)	(略)	(略)	60
解决问题能力(3级)	(略)	(略)	(略)	80
书面表达能力(3级)	(略)	(略)	(略)	80
基本能力平均分				71

续表

核心能力及评价结果(20%)				
核心能力项	定义	参考问题	评价及结论	评分
目标与计划管理能力（3级）	能够独立制订所负责的团队或者所管辖领域的工作目标与计划，并能对目标进行有效分解；能够对目标与计划实施过程中存在的潜在的风险与障碍，并能制定相应的应对措施	(1)你是如何将公司目标分解到部门计划中的？这些目标又是如何分解到各个下属岗位的？请举例说明 (2)你通常是如何有效监控团队成员工作目标与工作计划执行情况的？ (3)请说说你在自己部门里执行长期或者短期的计划的例子。你是怎样保证计划能够符合时间、进程和成本要求的？ (4)请举出你的公司里多个部门需要一起合作来完成某项目标的例子。你在这种情况下做了什么？你在这个过程中参与到了什么程度？	（略）	80
组织协调能力（3级）	（略）	（略）	（略）	85
团队建设能力（2级）	（略）	（略）	（略）	70
文化传播能力（3级）	（略）	（略）	（略）	75
核心能力平均分				77.5

续表

基本素养及评价结果(10%)				
基本素养项	定义	参考问题	评价及结论	评分
敬业精神	爱岗敬业，能够遵照工作职责与岗位规范、制度等要求完成和改善工作，自觉维护公司利益与形象，不计得失付出自己的努力和做出贡献	(1)到目前为止，你所遇到的任务最繁重、加班加点时间最长的一次工作经历是什么？当时你是如何处理的？ (2)你在以前的工作经历中，最辛苦的一段时间是在哪家公司？当时的情况如何？你是如何克服的？后来为何离开？ (3)你在下班回家的路上接到上司的电话，让你回公司加班完成一项工作，而你已经约好回家为家人庆祝生日，你准备如何回复你的上司？	(略)	75
责任心	(略)	(略)	(略)	70
服务意识	(略)	(略)	(略)	80
流程意识	(略)	(略)	(略)	75
基本素养平均分				75
核心素养及评价结果(20%)				
核心素养项	定义	参考问题	评价及结论	评分
大局意识	开展工作或进行决策时，能够考虑他人、其他部门或公司整体的情况，从公司的整体或长远利益出发，顾全大局，为了整体利益能够牺牲局部利益或个人利益	(1)请说明一个需要你跳出局部利益，甚至牺牲局部利益，从公司整体角度考虑解决问题的事例？当时的情形是怎样的？你采取了什么解决方案？最后的结果是怎样的？ (2)是否存在需要你牺牲部门目标来完成组织目标的情况？你当时考虑了哪些因素，当你做出决定时想到了什么？ (3)请举一个你在工作中顾全大局，最终成功完成任务的例子	(略)	80
结果导向	(略)	(略)	(略)	85
核心素养平均分				82.5
文化适应性评估				
评估记录	过去的工作经历与本公司性质相似，对公司文化非常认同			

续表

面试评价小结	
最终得分	面试评价得分 = 75 × 40% + 71 × 10% + 77.5 × 20% + 75 × 10% + 82.5 × 20% = 76.6 分
面试结果	准予试用
备注	(1) 最终得分 = 关键工作成果平均分 × 40% + 基本能力平均分 × 10% + 核心能力平均分 × 20% + 基本素养平均分 × 10% + 核心素养平均分 × 20% (2) 员工招聘计分卡最终得分低于 75 分视为面试不合格

六、招聘录用管理

对于面试合格的应聘候选人，企业还需要完成发出录用通知、入职体检、办理入职手续、签订劳动合同、保密协议、廉洁协议等一系列工作，我们把这些工作统称为招聘录用管理，接下来员工将正式进入试用期进行试用。

七、试用期管理及评价

对于处于试用期的员工，企业如何正确地进行试用期评价呢？比较科学的做法是，一定要严格按照岗位任职要求进行全面评价。员工通过试用期的工作适应，对公司、对所从事的岗位都有了一定的了解，因此，结合面试时的招聘计分卡和岗位任职资格进行全面评价是非常有必要的。

【案例 8－3】接【案例 8－2】 深圳某集团人力资源部经理试用期评价

表 8－6 深圳某集团人力资源经理试用期评价

员工姓名	张三	岗位名称	人力资源部经理	所在部门	人力资源部
试用期工作评价（40%）					
月份	试用期工作综述			员工自评	直接上级评价
第 1 个月	（略）			（略）	85
第 2 个月	（略）			（略）	90
第 3 个月	（略）			（略）	92
试用期工作平均分					89

续表

试用期基本能力评价(10%)			
基本能力项	定义	员工自评	直接上级评价
执行能力(3级)	经常提前完成工作任务,能主动思考并提出有效提高工作效益的建议	(略)	82
沟通能力(3级)	沟通技巧较高,具有较强的说服力和影响力,有较强的感染力	(略)	75
谈判能力(3级)	在谈判过程中能快速识别对方的谈判风格,并以此适当调整自己的谈判风格,谈判结果超出我方预期目标	(略)	87
解决问题能力(3级)	对重大问题,能够准确分析问题的原因,能够找到解决问题的突破口	(略)	80
书面表达能力(3级)	掌握各种文件格式,行文规范,能够比较准确地表达意见和要求	(略)	87
试用期基本能力平均分			82.2
试用期核心能力评价(20%)			
核心能力项	定义	员工自评	直接上级评价
目标与计划管理能力(3级)	能够独立制订所负责的团队或者所管辖领域的工作目标与计划,并能对目标进行有效分解;能够发现目标与计划实施过程中存在的潜在的风险与障碍,并能制定相应的应对措施	(略)	78
组织协调能力(3级)	能够根据成员的特长合理组织人员、分配工作,充分调动组织成员的积极性,圆满完成任务	(略)	88
团队建设能力(2级)	(略)	(略)	84
试用期核心能力平均分			82.5

续表

试用期基本素养评价(10%)			
基本素养项	定义	员工自评	直接上级评价
敬业精神	爱岗敬业,能够遵照工作职责与岗位规范、制度等要求完成和改善工作,自觉地维护公司利益与形象,不计得失付出自己的努力和做出贡献	(略)	85
责任心	能够认识到自己应承担的职责和要求,清楚本职工作在组织中的作用和贡献,忠于本职工作,主动、自觉追求组织目标的实现,乐于接受额外的任务和必要的加班	(略)	78
服务意识	(略)	(略)	76
流程意识	(略)	(略)	82
试用期基本素养平均分			80.25
试用期关键素养评价(20%)			
核心素养项	定义	员工自评	直接上级评价
全局意识	(略)	(略)	90
结果导向	(略)	(略)	85
试用期核心素养平均分			87.5
最终得分	最终得分 = 89 ×40% +82.2 ×10% +82.5 ×20% +80.25 ×10% +87.5 ×20% =85.845 分		
试用结果	正式转正		
备注	(1)最终得分 = 试用期工作平均分 ×40% + 试用期基本能力平均分 ×10% + 试用期核心能力平均分 ×20% + 试用期基本素养平均分 ×10% + 试用期核心素养平均分 ×20% (2)员工自评分作为参考,与直接上级评价差别超过 20 分时需和直接上级确认 (3)员工试用期评价最终得分低于 75 分视为试用期不合格		

第九章 胜任力模型与员工培训

企业发展战略是一项综合了公司的目标、政策和行动计划的规划。战略能够影响一个企业运用它的实物资本(如厂房和设备)、金融资本(资产和现金储备)和人力资本。发展战略在很大程度上影响着培训类型、数量及培训所需要的资源,还影响着企业所需要的各种技术的类型和水平,影响企业在培训方面的决策。为使企业获得发展,培训活动应该辅助企业实现其发展战略。因此,培训活动不仅应着眼于当前所需知识和技术的传授,更应着眼于企业未来的发展。

基于胜任力的人力资源发展体系告诉我们,企业战略的实现归根结底依靠的是人,人的能力、素养及知识结构将直接决定他们能否做出影响战略实现的工作行为,进而产生企业期望的工作业绩。

第一节 基于胜任力的员工培训体系综述

通常我们把企业培训体系简称为“3+1”培训体系,其中,“3”包括基于任职资格的培训课程规划、培训讲师队伍、培训管理机制,“1”是指培训计划与培训实施。

(1)培训课程是培训体系的核心,包括课程设计、课件制作、讲义编写、课程审核评估。

(2)培训讲师是培训体系的载体,不仅仅是培训课程的执行者,其最大的价值在于通过对课程的演绎使学员能够快速领悟并掌握相关的知识和技能。

(3)培训管理机制包括培训管理制度、流程及相关软硬件设施的配置,培训管理机制是培训管理体系的基础。

(4)培训计划与培训实施包括培训需求调查、培训计划制订、培训形式选择、培训课程实施、培训效果评估、培训成果转化跟踪等。

其中,培训课程体系必须按照企业胜任力模型的不同职位族及职系的职级、职等划分进行开发,只有这样才能确保培训的针对性及实施效果。

第二节　基于胜任力的培训体系建设基本方法

如前文所述,企业培训体系中培训课程开发及培训效果实施与岗位胜任力密切相关,本书将对这些内容加以详细介绍和说明。

一、基于胜任力的培训课程开发

企业为员工提供培训的核心目的就是要通过培训手段提升员工的综合技能,满足岗位胜任力的要求,因此,培训课程的规划必须以公司胜任力模型为基础。

基于胜任力的课程规划分为以下几个步骤:

(1)根据胜任力模型规划课程。根据企业胜任力模型各个项目定义,规划相应的课程。需要注意的是同一职位族和职系、不同职级对应的课程有可能是不同的,课程的差异既可能来自相关知识的广度,也可能来自相关知识的深度。

(2)课程定义。培训课程的定义包括课程大纲、培训形式、培训讲师、课程标准时间等。其中,课程大纲必须严格按照企业胜任力模型进行规划,这样便于在培训课程实施过程中培训课件开发和培训讲师选择;培训形式有内训、外训、拓展、沙盘、实战模拟、在职培训、脱产培训、研修式培训、研讨会、角色扮演、自主培训、在线学习、读书会、师傅带徒弟、企业教练法、案例分析法、辩论法、培训游戏等多种,需要根据每门课程的特点进行识别;培训讲师可能是企业内部讲师,也可能是外部讲师,根据我们的经验,但凡涉及公司知识类项目最好由内部讲师担当;课程标准时间规划需要根据每门课程大纲合理规划培训时数。

要特别说明的是,课程定义必须密切联系企业胜任力模型及岗位任职资格,而不是过度追求课程内容的完整性。

（3）课程分级。根据任职资格要求：对很多岗位而言，它们需要具备的任职资格项目可能是一致的，但要求的标准可能会存在差异。例如，所有管理者都需要掌握战略管理知识，很明显，高层、中层和基层要求掌握的深度和广度是不一样的，因此企业还需要按照任职资格对培训课程进行分级管理，这就是我们通常所说的阶梯式培训课程体系（见图9－1）。

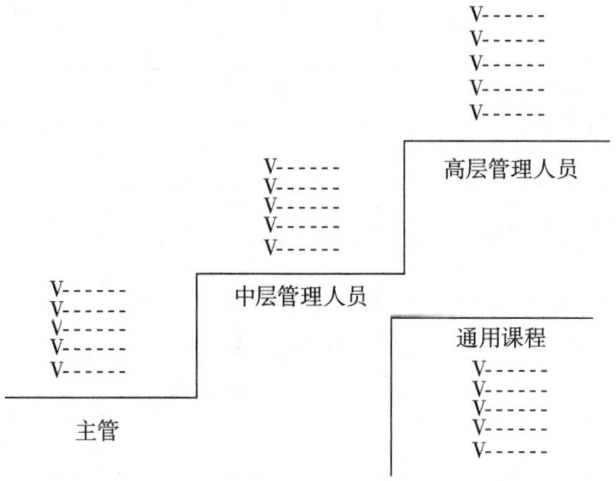

图9－1　阶梯式课程体系规划（示意）

（4）根据岗位任职资格标准识别培训课程项目，并规划不同职位族需要学习的课程。例如，可以按照企业基层管理者、中层管理者、高层管理者规划不同的课程。

【案例9－1】　江苏某公司管理职位族课程规划

表9－1　企业基层管理者、中层管理者、高层管理者培训课程规划（示意）

课程名称	基层必修	基层选修 中层必修	中层选修 高层必修	高层选修
领导的思维优势				√
压力管理与问题解决				√
领导艺术与风格				√
……				……
如何做一名出色的高级管理者			√	
战略导向的目标管理与绩效考核			√	
危机管理			√	

续表

课程名称	基层必修	基层选修 中层必修	中层选修 高层必修	高层选修
企业文化建设			√	
产品市场定位与销售管理			√	
基于战略的组织设计与管理			√	
客户开发与客户管理			√	
企业系统化管理系统与制度建设			√	
绩效管理与职业生涯规划			√	
如何做一名出色的中层经理			√	
……			……	
管理心理与组织行为学		√		
非财务人员的财务管理		√		
项目管理		√		
演讲与表达技巧		√		
会议管理实务		√		
教练坊:如何培育优秀部属		√		
生产组织与计划管理		√		
定额管理与成本控制		√		
产品工艺管理		√		
……		……		
现场管理	√			
有效沟通技巧	√			
全面客户服务管理	√			
如何做一名出色的基层管理者	√			
商务与社交礼仪	√			
员工消极行为管理与改善	√			
……	……			

【案例9－2】 深圳某集团基于胜任力的课程体系规划

表9－2 深圳某集团基于胜任力课程体系规划

胜任力要素	课程名称	管理职位族		技术职位族			营销职位族			生产职位族						专业事务职位族			辅助职位族	
		经营管理	职能管理	研发技术	工艺技术	设备技术	市场	销售	销售管理	计划专业	采购专业	制造专业	品质专业	安全专业	仓储物流	财会专业	人力资源专业	流程与信息化	行政专业	后勤服务
执行能力	赢在执行		√	√	√	√	√	√	√	√	√	√	√	√	√	√	√	√	√	√
	如何提高执行力		√	√	√	√	√	√	√	√	√	√	√	√	√	√	√	√	√	√
	细节决定成败		√	√	√	√	√	√	√	√	√	√	√	√	√	√	√	√	√	√
沟通能力	沟通技巧与冲突管理		√				√	√	√		√									
谈判能力	商务谈判						√	√	√		√									
学习能力	学习型组织建设		√																	
解决问题能力	问题分析与解决技巧		√																	
	如何管理你的上司			√	√	√	√	√	√	√	√	√	√	√	√	√	√	√	√	
计算机应用能力	办公自动化	√	√	√	√	√	√	√	√	√	√	√	√	√	√	√	√	√	√	√
人际交往能力	人际关系管理	√	√	√	√	√	√	√	√	√	√	√	√	√	√	√	√	√	√	√
分析判断能力	九型人格		√																	

续表

胜任力要素	课程名称	管理职位族		技术职位族			营销职位族			生产职位族						专业事务职位族			辅助职位族	
		经营管理	职能管理	研发技术	工艺技术	设备技术	市场	销售	销售管理	计划专业	采购专业	制造专业	品质专业	安全专业	仓储物流	财会专业	人力资源专业	流程与信息化	行政专业	后勤服务
口头表达能力	演讲力训练		√																	
书面表达能力	公文写作技巧	√	√	√	√	√	√	√	√	√	√	√	√	√	√	√	√	√	√	√
领导能力	领导力培训	√	√																	
	情景领导	√	√																	
	有效授权	√	√																	
	中层干部必须掌握的基本管理技能		√																	
	员工培养与辅导技巧		√																	
	如何激励你的下属		√																	
决策能力	问题分析与决策	√	√																	
目标计划管理能力	第五代时间管理	√	√																	
	目标与计划管理	√	√																	
	如何编写工作计划		√	√	√	√	√	√	√	√	√	√	√	√	√	√	√	√	√	√

续表

胜任力要素	课程名称	管理职位族		技术职位族			营销职位族			生产职位族						专业事务职位族			辅助职位族	
		经营管理	职能管理	研发技术	工艺技术	设备技术	市场	销售	销售管理	计划专业	采购专业	制造专业	品质专业	安全专业	仓储物流	财会专业	人力资源专业	流程与信息化	行政专业	后勤服务
组织协调能力	组织行为学		√																	
过程监控能力	从结果管理到过程管理		√																	
团队建设能力	企业教练技术		√																	
	如何打造高绩效团队		√																	
	如何选、育、用、留		√																	
	技术团队管理		√																	
文化传播能力	企业文化建设实务	√	√																	
创新能力	创新思维训练	√	√	√	√	√	√	√	√	√	√	√	√	√	√	√	√	√	√	√
	六顶思考帽	√	√	√	√	√	√	√	√	√	√	√	√	√	√	√	√	√	√	√
基本素养	拓展训练	√	√	√	√	√	√	√	√	√	√	√	√	√	√	√	√	√	√	√
	态度决定一切	√	√	√	√	√	√	√	√	√	√	√	√	√	√	√	√	√	√	√
	高效人士的七个习惯	√	√	√	√	√	√	√	√	√	√	√	√	√	√	√	√	√	√	√
	客户服务意识训练	√	√	√	√	√	√	√	√	√	√	√	√	√	√	√	√	√	√	√

续表

胜任力要素	课程名称	管理职位族		技术职位族			营销职位族			生产职位族						专业事务职位族			辅助职位族	
		经营管理	职能管理	研发技术	工艺技术	设备技术	市场	销售	销售管理	计划专业	采购专业	制造专业	品质专业	安全专业	仓储物流	财会专业	人力资源专业	流程与信息化	行政专业	后勤服务
公司文化	集团文化特训营	√	√	√	√	√	√	√	√	√	√	√	√	√	√	√	√	√	√	√
制度与流程	流程制度	√	√	√	√	√	√	√	√	√	√	√	√	√	√	√	√	√	√	√
	人力资源政策	√	√	√	√	√	√	√	√	√	√	√	√	√	√	√	√	√	√	√
	财务制度	√	√	√	√	√	√	√	√	√	√	√	√	√	√	√	√	√	√	√
	部门使命与职能	√	√	√	√	√	√	√	√	√	√	√	√	√	√	√	√	√	√	√
	岗位说明书	√	√	√	√	√	√	√	√	√	√	√	√	√	√	√	√	√	√	√
产品及行业知识	减速机产品及行业知识	√	√	√	√	√	√	√	√	√	√	√	√	√	√	√	√	√	√	√
战略管理知识	如何制定公司战略规划	√	√																	
	如何制订年度经营计划	√	√																	
项目管理知识	项目管理(PMP)	√	√	√																
组织管理知识	公司治理	√	√																	
	组织设计与管理	√	√																	

续表

胜任力要素	课程名称	管理职位族		技术职位族			营销职位族			生产职位族						专业事务职位族			辅助职位族	
		经营管理	职能管理	研发技术	工艺技术	设备技术	市场	销售	销售管理	计划专业	采购专业	制造专业	品质专业	安全专业	仓储物流	财会专业	人力资源专业	流程与信息化	行政专业	后勤服务
流程管理知识	业务流程优化与再造	√	√																	
行政管理知识	会议管理	√	√																	
人力资源管理知识	战略性人力资源管理	√	√														√			
	非 HR 经理的 HRM	√	√														√			
	目标绩效管理	√	√														√			
	任职资格及测评技术	√	√														√			
	员工招聘与面试技巧	√	√														√			
	培训师培训	√	√														√			
财务管理知识	投资分析与风险控制	√																		
	财务审计实务															√				
	融资方法与风险控制															√				
	非财务人员的财务知识	√	√																	
	财经法规解读															√				
	财务预算管理	√	√													√				

续表

胜任力要素	课程名称	管理职位族		技术职位族			营销职位族			生产职位族						专业事务职位族			辅助职位族	
		经营管理	职能管理	研发技术	工艺技术	设备技术	市场	销售	销售管理	计划专业	采购专业	制造专业	品质专业	安全专业	仓储物流	财会专业	人力资源专业	流程与信息化	行政专业	后勤服务
财务管理知识	企业税务筹划															√				
市场营销知识	品牌策划与推广						√	√	√											
	市场管理实务						√	√	√											
	大客户管理技巧						√	√	√											
	销售账款管理实务						√	√	√							√				
供应链及采购知识	供应链管理实务										√									
	供应商开发与认证管理										√									
	采购谈判技巧										√									
	招投标管理										√									
合同管理知识	经济合同纠纷处理技巧		√					√			√									
信息系统管理知识	公司信息系统管理		√															√		

续表

胜任力要素	课程名称	管理职位族		技术职位族			营销职位族			生产职位族						专业事务职位族			辅助职位族	
		经营管理	职能管理	研发技术	工艺技术	设备技术	市场	销售	销售管理	计划专业	采购专业	制造专业	品质专业	安全专业	仓储物流	财会专业	人力资源专业	流程与信息化	行政专业	后勤服务
客户服务知识	客户满意度管理							√	√											
	客诉受理技巧							√	√											
设备管理知识	TPM 实战技巧					√														
安全管理知识	危险源识别与管理													√						
	火灾预防与处理技巧													√						
审计知识	内部审计师培训		√																	
档案管理知识	档案管理培训																		√	
计算机软硬件知识	计算机原理	√	√	√	√	√	√	√	√	√	√	√	√	√	√	√	√	√	√	√
体系管理知识	ISO9001 内审员培训																	√		
	企业质量标准培训			√	√	√				√	√	√	√	√	√		√	√		
	6 SIGMA 培训												√							
现场管理知识	精益生产											√								

【案例9－3】 广州某企业基于胜任力的课程定义

表9－3 广州某企业基于胜任力的课程定义(能力类课程,部分)

胜任力要素	课程规划					
	序号	课程名称	课程大纲	培训形式	讲师	时间规划
领导能力	1	情景领导	(1)如何影响被领导者的绩效 (2)员工状态的评估标准 (3)领导者应有的行为 (4)360度个人领导力的评估	内训	外部讲师	1天
	2	中层干部必须掌握的基本管理技能	(1)从员工到管理者的转变 (2)将任务转化成工作目标 (3)将工作交付给你的员工 (4)有效激励下属的行为技巧 (5)辅导员工的面谈的技巧	内训	外部讲师	0.5天
	3	如何激励你的下属	(1)要注意用“行动”为部下做出示范 (2)要注意善用“影响”的方式 (3)要注意授权以后的信任 (4)要注意“公正”第一的威力 (5)引爆员工潜力的方法和法则 (6)怎样调动员工的积极性	内训	外部讲师	0.5天

续表

胜任力要素	课程规划					
	序号	课程名称	课程大纲	培训形式	讲师	时间规划
组织协调能力	4	管理十大原理	(1)激励和沟通原则 (2)团结合作原则 (3)诚信原则 (4)服务原则 (5)以人为本原则 (6)个人利益服从整体利益原则 (7)持续领先原则 (8)公平公正公开原则 (9)目标与计划原则 (10)高效和快速响应原则	内训	外部讲师	0.5 天
	5	组织行为学	(1)什么是组织行为学 (2)个体行为 (3)群体行为 (4)组织系统 (5)组织动力	内训	外部讲师	1 天
决策能力	6	决策管理	(1)决策概论 (2)决策需要具备的基础知识 (3)财务分析决策法 (4)层次分析决策法 (5)预测决策法 (6)模型决策法 (7)决策分析	内训	外部讲师	1 天

续表

胜任力要素	课程规划					
	序号	课程名称	课程大纲	培训形式	讲师	时间规划
过程监控能力	7	从结果管理到过程管理	(1)重视结果忽视过程管理导致的后果 (2)结果导向的员工行为模式 (3)过程导向员工行为组织体系的基本特征 (4)从结果管理向过程管理转变	内训	外部讲师	0.5天
冲突解决能力	8	冲突管理技巧	(1)冲突与冲突管理 (2)冲突分析 (3)冲突管理的策略 (4)冲突管理的步骤 (5)冲突管理的手段 (6)冲突预测	内训	外部讲师	0.5天
团队建设能力	9	销售团队管理	(1)销售经理的角色认识和转换 (2)优化你的管理风格 (3)从反应性管理到预见性管理 (4)优化你的销售团队领导力 (5)创造积极进取的销售团队氛围 (6)成功的销售团队的发展 (7)聘用新的销售人员 (8)销售计划的制订与执行 (9)销售信息和文件管理 (10)销售人员的薪酬设计 (11)给你的销售人员做教练	内训	外部讲师	2天

续表

胜任力要素	课程规划					
	序号	课程名称	课程大纲	培训形式	讲师	时间规划
团队建设能力	10	如何打造高绩效团队	(1)团队为什么如此流行 (2)诊断团队的发展阶段 (3)弹性地统领团队 (4)诊断团队的角色 (5)制定共享的团队目标 (6)培育团队精神 (7)团队中的人际关系 (8)团队沟通 (9)团队激励 (10)如何召开高效的团队会议 (11)团队冲突处理 (12)团队决策 (13)迈向高绩团队	内训	外部讲师	1天
培养下属能力	11	员工辅导技巧	(1)有效辅导的目标 (2)有效辅导的态度 (3)你的部属想要什么 (4)有效指导的标志 (5)倾听技巧 (6)开始解决问题 (7)辅导者角色定位(训练者、顾问、纠正者) (8)辅导中的隐患 (9)有效辅导步骤	内训	外部讲师	1天

续表

胜任力要素	课程规划					
	序号	课程名称	课程大纲	培训形式	讲师	时间规划
沟通能力	12	沟通技巧	(1)有效沟通技巧 (2)高效沟通的基本步骤 (3)人际风格沟通技巧 (4)电话沟通技巧 (5)怎样与领导进行沟通 (6)怎样与部下进行沟通 (7)接近客户的技巧 (8)会议沟通技巧	内训	外部讲师	1 天
计划能力	13	如何编写工作计划	(1)工作计划的重要性 (2)编写工作计划的程序 (3)编写工作计划基本技巧	内训	内部讲师	0.5 天
执行能力	14	如何提高执行力	(1)没有借口,提升执行力 (2)突破教条制度,灵活服从 (3)主动工作,完美执行 (4)让自己更优秀 (5)站在雇主的角度考虑问题	内训	内部讲师	0.5 天

续表

胜任力要素	课程规划					
	序号	课程名称	课程大纲	培训形式	讲师	时间规划
解决问题能力	15	问题分析、解决技巧	(1)问题的定义与种类 (2)问题意识的培养 (3)状况评估与问题确认 (4)问题的原因分析 (5)解决方案的拟定 (6)决策的制定 (7)行动的预估、执行与检讨	内训	内部讲师	0.5 天
	16	如何管理你的上司	(1)被动依赖上司的危害 (2)帮助上司做决策 (3)管理上司的时间 (4)不需要上司的意见时就不要去问他 (5)把问题连同解决办法一同带来见上司 (6)与上司共同走上成功路	内训	外部讲师	0.5 天

表 9－4　广州某企业基于胜任力的课程定义（知识类课程，部分）

胜任力要素	课程规划					
	序号	课程名称	课程大纲	培训形式	讲师	时间规划
财务知识	1	工业会计基本知识	(1)工业企业会计概述 (2)会计核算，含货币资金、存货、固定资产、无形资产、工资、产品成本、经营业务收支、利润、税收的核算等 (3)会计报表 (4)财务报表的分析	内训	内部讲师	2天
	2	企业收款策略及呆坏账管理技巧	(1)建立正确的收款理念和行动力 (2)尝试在企业内建立一套应收账款控制管理的系统 (3)掌握快速收款应有的礼仪、技巧和人际关系 (4)收款前的七项准备 (5)观察、分辨不良顾客的特征与信号 (6)掌握处理不良债权的五种技巧 (7)收款中常见的问题及解决方法 (8)呆账处理技巧	外训	外部讲师	1天
	3	财务预算管理知识培训	(1)全面预算管理概述 (2)预算管理程序 (3)现金收支预算 (4)利润预算 (5)预算编写与控制	内训	内部讲师	1天

续表

胜任力要素	课程规划					
	序号	课程名称	课程大纲	培训形式	讲师	时间规划
财务知识	4	成本分析、管理与控制	(1)标准成本控制 (2)ABC 作业成本法 (3)成本与决策 (4)如何降低企业运营成本 (5)如何降低企业资金成本	内训	光盘	1 天
	5	现金流量与资金管理	(1)资金的表现形态 (2)资金筹集 (3)资金报告 (4)资金分析 (5)资金控制与管理	内训	光盘	1 天
	6	涉税风险防范与处理技巧	(1)识别税务风险 (2)税务稽查系统介绍 (3)涉税会计作弊基本形态及自查要点 (4)如何正确应对税务稽查 (5)涉税法律责任界定与风险控制 (6)纳税人权益维护	外训	外部讲师	1 天
	7	如何读懂财务报表	(1)会计报表基本知识 (2)会计报表编制的会计资料准备 (3)如何编制资产负债表 (4)如何编制利润表 (5)如何编制现金流量表 (6)如何编制会计报表附表 (7)如何编制会计报表附注 (8)如何审查会计报表	内训	内部讲师	1 天

续表

胜任力要素	课程规划					
	序号	课程名称	课程大纲	培训形式	讲师	时间规划
项目管理知识	8	项目管理知识培训（PMP）	（1）项目管理概论 （2）项目生命期与组织 （3）项目管理标准 （4）单个项目管理过程 （5）项目管理知识领域 （6）项目整体管理 （7）项目范围管理	内训	外部讲师	0.5 天
战略管理知识	9	如何制定战略规划	（1）战略概论 （2）战略信息收集 （3）战略分析 （4）战略选择 （5）战略实施	内训	外部讲师	1 天
	10	项目投资管理	（1）投资建设项目决策的原则和程序 （2）投资建设项目市场分析 （3）投资建设项目建设方案 （4）投资建设项目投资估算 （5）资金时间价值与现金流量计算 （6）投资建设项目融资方案 （7）投资建设项目财务分析 （8）投资建设项目资源利用评价 （9）投资建设项目环境影响评价 （10）投资建设项目经济分析 （11）投资建设项目的社会评价 （12）投资建设项目建设方案比选 （13）投资建设项目风险分析与不确定性分析	内训	外部讲师	1 天

续表

胜任力要素	课程规划					
	序号	课程名称	课程大纲	培训形式	讲师	时间规划
人力资源知识	11	人力资源管理基础知识	(1)人力资源管理概述 (2)人力资源规划 (3)组织职位管理 (4)招聘与选拔 (5)绩效管理 (6)培训管理 (7)薪酬管理 (8)员工职业管理	内训	外部讲师	1天
	12	组织设计与管理	(1)组织的基本概念 (2)组织设计原则 (3)组织设计需要重点解决的十个问题 (4)常见的组织模式 (5)组织发展趋势分析	内训	外部讲师	1天
	13	如何编写岗位说明书	(1)什么是岗位说明书 (2)如何编写岗位基本信息 (3)如何编写岗位使命 (4)部门职能分解矩阵及岗位职责的编写 (5)胜任力模型模型与岗位任职资格	内训	外部讲师	0.5天

续表

胜任力要素	课程规划					
	序号	课程名称	课程大纲	培训形式	讲师	时间规划
人力资源知识	14	如何编制人力资源规划	(1)人力资源规划概述 (2)人力资源内外部环境分析 (3)人力资源需求预测技术 (4)人力资源供给预测技术 (5)人力资源供求的平衡 (6)人力资源规划制定案例介绍	内训	外部讲师	0.5 天
	15	工作分析与饱和度分析	(1)工作分析在人力资源系统中的地位与作用 (2)工作分析原则 (3)工作饱和度分析基本原则 (4)工作饱和度分析与岗位编制	内训	外部讲师	0.5 天
	16	薪酬设计与管理	(1)薪酬体系概述 (2)薪酬体系发展趋势分析 (3)基于能力的宽带薪酬体系 (4)薪酬体系设计六步法	内训	外部讲师	1 天
	17	如何对员工实施考核	(1)如何建立员工绩效考核指标 (2)员工绩效考核方法大全 (3)如何建立绩效工资部门内部二次分配办法	内训	外部讲师	0.5 天

续表

胜任力要素	课程规划					
	序号	课程名称	课程大纲	培训形式	讲师	时间规划
人力资源知识	18	招聘及面试技巧	(1)招聘概原则、程序及作用 (2)用人部门与人力资源部门的招聘分工 (3)招聘计划 (4)招聘主要形式 (5)招聘测试 (6)面试技巧	内训	外部讲师	1 天
	19	员工职业生涯规划	(1)职业发展阶段与职业规划 (2)个人心理特征与职业相匹配 (3)员工自我职业生涯规划 (4)企业对员工职业生涯的管理	外训	外部讲师	1 天

二、培训讲师队伍建设

讲师是课程的演绎者,其主要职责是将课程的核心精髓传达给学员。一个好的讲师必须对课程涉及的内容有很深刻的了解,并配合适当的授课技巧。企业培训讲师来源基本上有两种途径:一是外部聘请,二是企业内部讲师。

(1)培训讲师认证管理。无论是外部讲师,还是内部讲师,都需要进行严格的认证管理才能上岗。美国培训认证协会(American Association for the Certification of Training Program,AACTP)对培训讲师的评价维度包括教材、培养模式、考核评估、继续教育等。企业可以根据自己的实际建立讲师队伍认证体系,对于认证合格的培训讲师可颁发相关资格证书。

(2)培训讲师绩效评价。纳入企业讲师队伍的培训讲师需要企业每年根据其授课数量、学员反馈、授课满意度、新课程开发等状况进行评价,保证讲师队伍能力水平的不断提升。

三、培训管理机制

培训管理机制的作用在于规范公司的培训活动,作为保证培训工作顺利进行的制度依据,包括培训管理办法、培训计划、相关表单、工作流程、培训评估办法及内部讲师制度等几个部分。培训管理办法中应充分体现培训的过程,将培训结果评估与员工的绩效考核相结合。内部讲师制度应体现选拔和激励内部讲师的精神,起到管理内部讲师、规范内部讲师授课行为的作用。

四、培训计划与实施

培训课程、培训讲师和培训管理机制是培训管理体系的基础,培训的最大价值在于实施。因此,科学规划培训计划及培训实施体系对于企业构建培训管理体系而言是至关重要的。

1. 基于员工适岗率进行培训需求识别

如果培训需求结果确认不完善或不真实,培训内容的设计就会变成“无的之矢”,导致培训效率低下,效果不明显。因此,企业要根据实际需要组织培训,这就要求企业在培训初期做好员工的培训需求分析工作。

为了获得充分的资料和支持信息,培训需求分析必须从三个层次进行:首先要从战略层次进行分析,其次要从工作层次进行分析,最后要从个人层次进行分析。

(1)战略层次分析主要是通过对组织的外部环境、内部气氛进行分析,从而将培训计划与组织发展战略相结合,确定培训的重点所在。

(2)工作层次分析主要是以对工作任务的研究为基础,分析各个工作岗位的员工达到理想的工作业绩、胜任工作必须掌握的技能和知识,从职位工作角度确定培训需求,决定培训目标及培训内容。

(3)个人层次分析主要是从任职者的角度来考察培训需求,分析员工个体状况与任职要求之间的差距,并在此基础上确定"谁需要接受培训"以及"需要什么样的培训"。即将员工目前的实际工作绩效与达到企业工作业绩标准所需要的理想绩效进行比较,找出员工的绩效差距。

在分析培训需求之前,企业需要对员工的培训需求信息进行收集,为培训需求分析提供良好的依据。收集的方法有很多种,如面谈法、问卷调查法、观察法、组织数据调研法等。在进行不同层次的培训需求分析时,要根据培训的实际情况,选择合适的调查方法。

2. 培训计划编制

培训需求确定后,人力资源部门需要结合员工职业生涯规划及任职资格编写年度培训计划。培训计划包括培训课程、课程大纲、培训方式、参加人员、实施时间、培训预算等,经公司审批后组织实施。

3. 培训实施

培训实施包括培训场地布置、培训物料准备、培训通知、培训签到、培训纪律、培训主持、培训讲师接待、培训课件准备、学员手册准备等。

4. 培训效果实施

培训效果评估是指企业在组织培训之后,采用一定的形式,把培训的效果用定性或者定量的方式表示出来。我们知道,培训作为一种教育形式,主要是通过潜移默化的方式来提高受训者的能力,而这种能力在日常工作中到底能起到多大的作用,的确很难测定。这种培训效果难以评估,是大多数企业不愿组织员工培训的主要原因。试想想,谁愿意把钱花在不见踪影的地方呢?

培训的目的在于解决、预防工作中的问题或为即将到来的新任务做准备。而培训效果评估的目的在于评估培训是否真正达到了预期的目的。企业希望通过对培训效果的评估达到以下目的：

(1)通过评估，企业可以对培训效果做出正确合理的判断，以便了解某一培训项目是否达到原定的目标和要求。

(2)通过评估，企业可以确定受训人知识、技能的提高或行为表现的改变是否直接来自培训的本身。

(3)通过评估，企业可以找出培训的不足，归纳总结出教训，以便改进今后的培训。

(4)通过评估，企业往往能发现新的培训需求，从而为下阶段培训提供重要依据，而且通过对成功的培训做出肯定性评估，往往也能提高受训者对培训活动的兴趣，激发他们参加培训活动的积极性和创造性。

(5)通过评估，企业可以检查出培训的费用效益，评估培训活动支出与收入的效益如何，使资金得到更加合理的配置。

(6)通过评估，企业可以较客观地评价培训工作者的工作。一般来说，培训的效果反映了培训工作者的水平和对待培训的态度。企业对培训效果进行评估，有助于培训人员进行自我检查，进一步端正态度，从而不断提高培训质量，也可以正确地对培训工作者进行绩效评估。

(7)通过评估，企业可以为公司管理层提供决策依据，而且管理层对培训结果的重视，往往也会引起企业其他人员对培训的重视，从而提升员工对培训的积极性和投入度。

培训效果的方法也有很多，如定性分析法、定量分析法、非正式评估法、正式评估法、即时评估法、总结性评估法、讨论法、观察法、假设检验法、四维评估法、中期评估法、培训心得报告法、检查法、客户调查法、考试法、业绩指标分析法、长期评估法、岗位操作评估法、同类员工比较法、成本—收益分析法、考核法、满意度测试法等等。

第十章 胜任力模型与绩效管理

绩效，简单地说就是一切我们想要的东西。它可以是辛勤的劳动，可以是出色的工作成果，可以是良好的销售业绩，可以是一份完整的工作报告，也可以是企业的销售目标和利润，等。总之，绩效会随着环境不同、对象不同、影响因素不同而不同。

一般来讲，绩效主要是指结果，但如果某些因素相对其他因素而言对结果有明显、直接的影响时，绩效的意义就与这些因素等同起来了。也可以这样说，绩效首先是结果，当其他因素对结果的影响相对不变而改变特定因素能促进产生良好的结果时，控制这些因素就等于控制了绩效。

在某些特定环境下，可能无法在短时间内对结果进行有效预计而又需要对过程进行监控，此时一般我们会选择一个或几个对结果有关键影响的因素进行监控，从而保证目标的顺利达成。例如，衡量一个业务员的绩效：如果看结果的话，一般我们会用销售额、销售利润、销售增长等来评价；但如果这个业务员是新手或销售的产品是一个新产品而在短时间内很难有销售业绩的话，我们就只能采用诸如销售漏斗管理、销售商机管理、客户拜访、工作能力、工作主动性、客户管理能力等因素来评价这个业务员的绩效。

绩效表面上看起来很简单，但要把绩效产生的整个过程有效地管理起来并不是一件很容易的事情。绩效管理是对绩效实现过程各要素的管理，是基于企业战略基础之上的一种管理活动。绩效管理是通过对企业战略的建立、目标分解、业绩评价，将绩效成绩用于企业日常管理活动中以激励员工业绩持续改进，最终实现组织战略以及目标的一种正式管理活动。

通过以上对绩效的说明再结合胜任力模型，我们会发现任何绩效的产生，除评价工作结果和过程之外，还需要根据胜任力评估员工的能力、素养。

第一节　基于胜任力的绩效体系综述

根据实际工作经验,我们把绩效管理体系的构成分为四个部分,即绩效管理架构、绩效指标体系、绩效管理手册和绩效支撑体系,如图 10 – 1 所示:

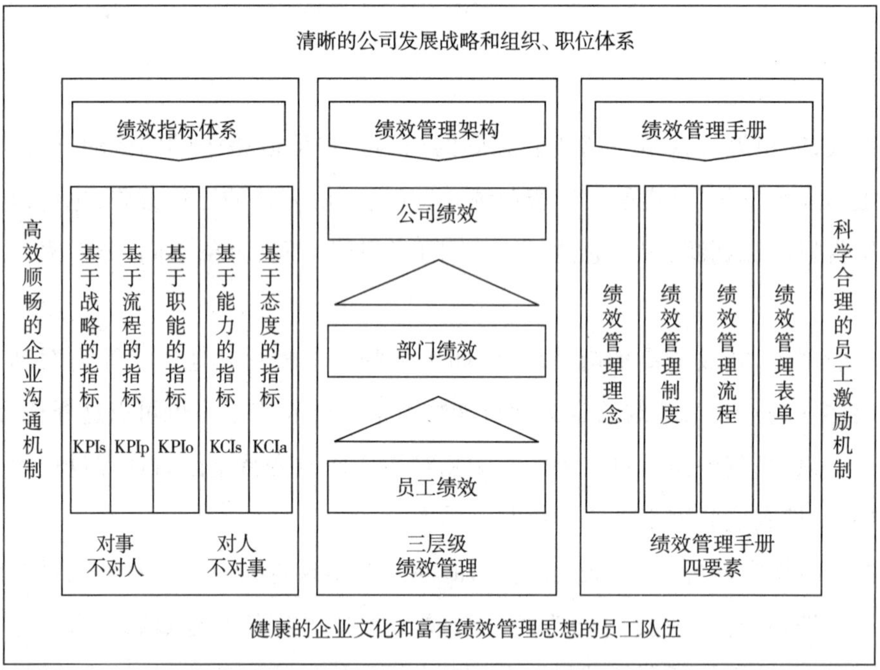

图 10 –1　目标绩效管理体系的构成

一、绩效管理架构

绩效管理架构是企业建立目标绩效管理体系的基础,是企业目标分解的责任担当架构,也是企业目标实现的组织架构。一般来说,企业的绩效管理架构可以由公司绩效、部门绩效和员工绩效三层构成,有的集团化大型企业也分为集团绩效、分子公司或者事业部绩效、部门绩效和员工绩效四层构成。总之,绩效管理架构可以与公司的管理层级及业务架构保持完全一致,当然也可以根据企业业务特性有所差异。

【案例 10－1】 某公司绩效管理架构规划

表 10－1 某公司绩效管理架构(示意)

绩效层级		考核周期	考核内容	考核结果应用	考核人
公司绩效		年度考核	KPIs	计算公司年终奖金总额	绩效委员会
事业部绩效		季度考核	KPIs、KPIp	计算事业部年终奖金总额	总经理
部门绩效		季度考核	KPIs、KPIp、KPIo	计算部门季度绩效工资总额 计算部门年终奖金总额	总经理
员工绩效	公司高管	年度考核	KPIs、公司级关键事项	计算高管年终奖金	绩效委员会
	事业部负责人	年度考核	KPIs、公司级关键事项	计算事业部负责人年终奖金	总经理
	部门负责人	季度考核	KPIs、KPIp、KPIo、KCI、部门关键事项	计算部门负责人季度绩效工资 计算部门负责人年终奖金总额	总经理
	主管级员工	季度考核	KCI、岗位关键事项等	计算员工季度绩效工资 计算员工年终奖金	部门负责人
	操作类员工	月度考核	KBI、KCI	计算员工季度绩效工资 及计算员工年终奖金	部门负责人

二、绩效指标体系

绩效指标体系的建立使量化评价企业各个层级的绩效变得更简单，也使企业目标的分解有了载体。如图 10－1 所示，企业指标体系按照大类可以分为对事不对人的指标和对人不对事的指标，其中对事不对人的指标又可以分为基于战略的 KPIs、基于流程的 KPIp 以及基于职能的 KPIo；对人不对事的指标又可以分为基于能力的 KCIs、基于态度的 KCIa。

KPI 和 KCI 的来源是不同的：KPI 来源于“冰山”露出水面的部分，KPIs 是结果，KPIp 和 KPIo 是过程；而 KCI 更倾向于“冰山”的下部，即导致结果产生的能力、态度。

三、绩效管理手册

绩效管理手册是企业进行绩效管理运作的基本方法，其中包含绩效管理理念、绩效管理制度、绩效管理流程、绩效管理表单等四部分，也可以称之为“绩效管理手册四要素”。

（1）绩效管理理念。绩效管理理念是企业绩效管理手册设计的基础。常见的绩效管理理念有：正激励为主，负激励为辅；鼓励团队最优，而非个人最优；看重结果，也重视过程评价与控制；既对事进行评价，又对人进行评价；既注重短期利益，又关注长期发展；目标不能太低，也不可过高，应设定为员工跳一跳才（就）能够得着；等。

（2）绩效管理制度。绩效管理制度是绩效管理手册设计的核心。在绩效管理制度中需要明确企业绩效管理原则、绩效管理组织、绩效管理架构、绩效评价周期、绩效成绩与绩效系数、绩效排名、绩效资格认定、绩效结果应用、绩效申诉、绩效沟通、绩效改进等工作准则。

（3）绩效管理流程。绩效管理流程包括企业发展战略规划流程、年度经营计划管理流程、战略地图绘制及管理流程、平衡计分卡与年度经营目标分解流程、绩效指标词典管理流程、公司级绩效管理流程、部门级绩效管理流程、员工级绩效管理流程、绩效指标变更流程、绩效申诉流程等。

（4）绩效管理表单。绩效管理表单包括公司年度 KPI 考核表、高管 KPI 考核表、事业部 KPI 考核表、部门 KPI 考核表、员工 KPI 考核表、员工 KCI 考核表、KPI 定义表、KCI 定义表、绩效指标信息收集提报表、绩效指标变更申请表、绩效申诉表等。

四、绩效支撑体系

绩效管理支撑体系是指要保证企业绩效体系有效运行，必须健全的其他管理体系。企业绩效管理支撑体系的核心包括四项：清晰的企业发展战略和年度经营计划、组织体系和职位体系，健康的企业文化和富有绩效管理思想的员工队伍，高效顺畅的企业沟通机制，科学合理的员工激励机制。

（1）清晰的企业发展战略和年度经营计划、组织体系和职位体系。绩效管理的终极目标是达成企业的战略目标及年度经营计划，如果企业的发展战略及年度经营计划不清晰，势必会影响目标分解，进而导致各部门、各岗位绩效目标与企业目标不一致。同时，如果企业的组织体系、职位体系不健全，很有可能会导致企业相关绩效指标责任主体界定不明确，目标绩效体系不能得到有效实施，最终影响目标的实现。

(2)健康的企业文化和富有绩效管理思想的员工队伍。积极、健康的企业文化会为企业绩效管理体系的实施奠定坚实的基础，同时富有绩效管理思想的员工队伍也会为绩效管理体系的实施扫清人际障碍。

(3)高效顺畅的企业沟通机制。无论是绩效目标分解、绩效指标确定、绩效考核表编制、绩效辅导，还是绩效评价，都需要考核者与被考核者之间顺畅、有效地沟通，缺乏高效畅顺沟通机制的企业是推行不好绩效管理体系的。

(4)科学合理的员工激励机制。绩效结果应用一定要与员工的激励挂钩，如员工年终奖金计算、绩效工资计算、员工薪酬层级晋升、职位晋升、职位降低、职位调动、员工培训、职业发展、优才计划、公司决策等，否则就失去了绩效管理的原动力。

第二节　目标绩效体系建设基本方法

一个科学合理的目标绩效管理体系是如何建立起来的呢？实施过程包括哪些核心步骤呢？基于多年的管理实践经验，我们将绩效管理体系的设计过程分为五个核心步骤，分别是：根据企业发展战略及年度经营计划建立战略地图与平衡计分卡、编制绩效指标词典、绩效计划与绩效辅导、绩效评价与考核、绩效激励与结果应用(见图 10－2)。

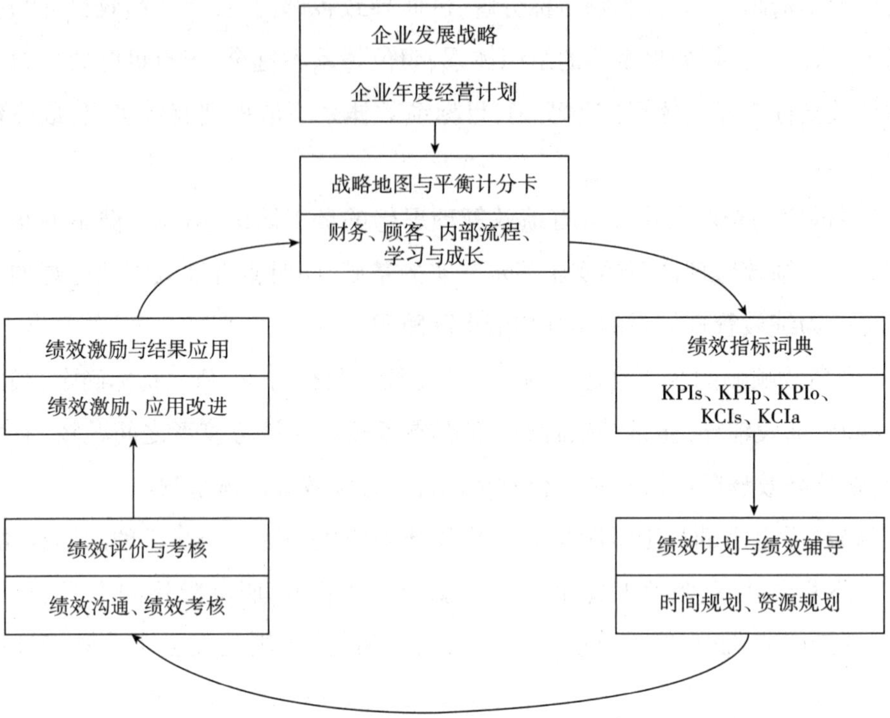

图 10－2　目标绩效管理体系建设五步法

一、绘制战略地图与平衡计分卡

科学的绩效管理体系一定是紧紧围绕公司经营目标顺利达成而展开的，因此企业必须将公司年度经营策略用战略地图的方式清晰地表达出来，同时还需要利用平衡计分卡规划公司年度目标和衡量绩效指标，这是绩效管理的第一步。

二、编制绩效指标词典

根据前面介绍的绩效指标体系必须包括对事不对人的 KPI 和对人不对事的 KCI，企业在编制绩效考核表之前必须对每项指标进行定义，并在此基础上形成公司绩效指标词典，分为 KPI 词典（含 KPIs、KPIp、KPIo）和 KCI 词典（含 KCIs、KCIa）。

（1）KPIs 词典。战略绩效指标来源于公司发展战略与年度经营计划，是用来衡量企业战略及年度经营计划顺利实现的标尺。根据多年的管理实践，我们将战略绩效指标的建立分为以下五个步骤:从发展战略到年度经营计划、战略地图绘制、战略绩效指标识别、战略绩效指标责任分解、战略绩效指标定义。

(2)KPIp 词典。流程绩效指标来源于公司核心业务流程。根据多年的管理实践,我们将战略绩效指标的建立分为以下四个步骤:业务蓝图与流程规划、流程优化与再造、流程绩效指标识别、流程绩效指标定义。

(3)KPIo 词典。职能绩效指标来源于部门职能,用来衡量部门职能是否有效履行,或者履行效果如何。根据多年的管理实践,我们将职能绩效指标的建立分为以下四个步骤:业务蓝图与公司职能分解、部门三级职能描述、职能绩效指标识别、职能绩效指标定义。

(4)KCIs、KCIa 词典。具体内容见本书第十章第三节。

三、绩效计划与绩效辅导

KPI、KCI 确定后,公司需要组织各部门编制达成本部门 KPI 的绩效计划,以及组织各岗位规划达成 KCI 的行动计划。同时,为了保证计划落实,直接上级还必须定期对被考核者进行辅导和监督。

四、绩效评价与考核

绩效评价是绩效管理体系的核心,很多公司由于缺乏科学的绩效评价和考核机制,最终导致目标绩效管理体系沦为“鸡肋”,流于形式。

五、绩效激励与结果应用

评价一个绩效管理体系是否合理的最重要的一项指标就是对员工是否具有激励性。根据企业的实际状况,合理设置激励措施是非常有必要的,绩效结果可以应用在短期绩效奖金(月度绩效奖金、季度绩效奖金、项目奖金等)、年终奖金、薪酬调整、员工福利(年度旅游、弹性福利、培训基金等)、职位异动(升迁、降级、调岗、辞退等)、员工发展计划(优才计划、梯队建设等)、支持管理决策(年度经营目标调整、年度经营措施优化等)、其他(年度评优等)方面。

第三节 建立基于胜任力的KCI

胜任力素质指标（KCI）与前面提到的KPIs、KPIp、KPIo都不同，KPI都是对事不对人的指标，而KCI则是对人不对事的指标，KCI也用来衡量岗位任职者是否能够满足岗位任职标准，圆满完成岗位、部门履行职责及相关流程要求，为客户提供最有价值的服务和产品体验。根据多年的管理实践，我们将素质指标的建立分为以下三个步骤：胜任力模型规划、任职资格矩阵规划、素质指标定义。

一、胜任力模型规划

企业胜任力模型规划就是根据企业自身业务特性对影响企业经营业绩的“人的因素”进行识别、归类和分析，最终形成符合企业自身实际的能力素质集合。通常而言，企业胜任力模型规划包括以下几项内容：

（1）业务特性分析。企业根据发展战略及业务蓝图系统分析企业业务领域、产品特性、营销模式、产品研发、产品实现、客户交付等内容，识别客户价值主张最大化满足的关键环节。

（2）胜任力要素识别。企业对影响关键环节需要具备的能力、素养等因素逐一识别，并加以定义。

（3）胜任力要素分级。针对不同类型的岗位和不同层级的岗位，能力素质的要求会存在差异，比如同样是问题解决能力：公司高管需要解决公司层面或者某个系统层面的问题，而部门负责人需要解决部门层面的问题，基层员工就只解决岗位层面的问题即可。问题层面不同，对解决问题的复杂性和创造性的要求就会存在差异。再如大局意识：企业高层不仅要站在公司立场上思考问题，更需要从未来的角度思考现在的问题，而基层员工就不需要那么高的要求了。

二、任职资格矩阵规划

任职资格矩阵是根据不同岗位对各项KCI及对应级别的要求，规划出来的任职资格列表。通过任职资格规划，企业可以清晰地了解岗位任职要求，还可以发现同一 KCI 对不同岗位的级别要求差异。另外，任职资格矩阵也会为下一步建立岗位 KCI 奠定基础。

【案例 10－2】 深圳某集团岗位任职资格矩阵

表 10－2 深圳某集团岗位任职资格矩阵（示意）

岗位名称	领导能力	决策能力	目标计划能力	组织协调能力	过程监控能力	团队建设能力	创新能力	敬业精神	责任心	诚信	战略意识	大局意识	创新意识	结果导向
总经理	4 级	4 级	4 级	4 级	4 级	4 级	4 级	√	√	√	√	√	√	√
营销中心副总	4 级	4 级	4 级	4 级	4 级	4 级	4 级	√	√	√	√	√	√	√
运营中心副总	4 级	4 级	4 级	4 级	4 级	4 级	4 级	√	√	√	√	√	√	√
财务投资副总	4 级	4 级	4 级	4 级	4 级	4 级	4 级	√	√	√	√	√	√	√
总经理助理	4 级	4 级	4 级	4 级	4 级	4 级	4 级	√	√	√	√	√	√	√
企业管理部经理	3 级	3 级	4 级	3 级	4 级	2 级	3 级	√	√	√	√	√	√	√
绩效主管	2 级	2 级	3 级	2 级	2 级	1 级	2 级	√	√	√		√	√	√
流程主管	3 级	3 级	3 级	4 级	4 级	1 级	4 级	√	√	√		√	√	√
IT 部经理	3 级	2 级	2 级	2 级	2 级	2 级	3 级	√	√	√	√	√	√	√
IT 高级工程师		1 级	1 级	1 级	1 级		3 级	√	√	√			√	√
IT 工程师							2 级	√	√	√			√	√
行政部经理	2 级	2 级	2 级	3 级	2 级	3 级	3 级	√	√	√	√	√	√	√
行政专员							2 级	√	√	√			√	√
宣传专员							2 级	√	√	√			√	√
后勤专员							2 级	√	√	√			√	√
EHS 管理专员							2 级	√	√	√			√	√
人力资源部经理	4 级	3 级	3 级	4 级	4 级	3 级	3 级	√	√	√	√	√	√	√
人事主管	2 级	2 级	2 级	2 级	3 级	3 级	1 级	√	√	√		√	√	√
薪酬绩效主管	2 级	2 级	2 级	2 级	3 级	2 级	1 级	√	√	√		√	√	√
人事高级专员							2 级	√	√	√			√	√
招聘培训专员							2 级	√	√	√			√	√
薪酬绩效专员							1 级	√	√	√			√	√
审计监察部经理	2 级	2 级	2 级	2 级	2 级	2 级	3 级	√	√	√	√	√	√	√
审计主管		2 级	1 级	1 级	1 级	1 级	2 级	√	√	√		√	√	√

三、KCI 定义

KCI 是对人不对事的指标,它与人有关,而人又必须与岗位及岗位任职资格挂钩。一名员工针对一个低素质要求的岗位而言,他的 KCI 得分可能会很高;同样一个人,如果针对一个高素质要求的岗位而言,他的 KCI 得分可能会很低。例如,在企业内部可能会有技术员、助理工程师、工程师、高级工程师、主任工程师、总工程师等不同等级的技术岗位,不同等级技术岗位的任职资格会存在很大的差异,因此我们就不能拿工程师的任职资格要求去评价一名助理工程师,也不能拿高级工程师的任职资格要求去评价一名主任工程师。

对 KCI 的定义,通常从以下八个维度来进行:

(1)指标名称。企业需要为每项 KCI 指定名称。

(2)指标编号。就是给每项 KCI 确定一个公司范围内的唯一编号。

(3)指标含义。就是为每项 KCI 确定企业内部的标准定义。

(4)指标等级。与岗位任职资格中对各项素质的要求相似,企业在进行 KCI 定义的时候必须对每项 KCI 分级,并对每级对应标准进行描述,通常可以分为 1 级、2 级、3 级、4 级,不同级别对应岗位可以参考岗位任职资格(见表 10-3)。

(关于 KCI 的定义与分级读者可以参照本书第三章、第四章。)

表 10-3　执行能力定义与分级

执行能力定义	分级描述			
	1 级	2 级	3 级	4 级
贯彻执行岗位、部门或公司交办的工作任务,有效达到目标的能力	能按时完成上级主管领导交办的各项工作任务	能利用有效的方法和途径,较圆满地按时完成工作任务	经常提前完成工作任务,能主动思考并提出有效提高工作效益的建议	能够充分利用资源,不断创新提高完成工作任务的方法并善于实践总结

(5)指标考核周期。对于 KCI 的考核,在绩效管理体系中一般情况下用年、半年即可。但 KCI 还可以用于员工面试、试用期、试岗期、适岗率评价环节,这些环节的考核周期要根据具体情况确定。

(6)数据输出部门。KCI 的数据输出部门通常有两个,其一为员工直接上级,其二为公司人力资源部。

(7)数据输出时间。如果 KCI 用于绩效管理,则数据输出时间与公司绩效管理体系要求时间一致;如果 KCI 用于其他领域,则数据输出时间需要根据具体情况确定。

(8)评价模型。由于 KCI 全部都是定性指标,为指导清晰、便于操作,企业可以参考 KPI 定性指标定义办法对每项 KCI 建立评估模型。

【案例 10-3】 深圳某集团 KCI 考核表

表 10-4 KCIs 考核表:执行能力(一级)

指标名称	执行能力(一级)				指标编号			KCIs-001-01				
指标含义	贯彻执行岗位、部门或公司交办的工作任务,有效达到目标的能力											
指标等级	一级				考核周期			半年				
数据输出部门	直接上级或人力资源部				数据输出时间			每年 1 月、7 月				
执行能力(一级)评价表												
评价得分	远低于要求			低于要求			达到要求			高于要求		
	10分	20分	30分	40分	50分	60分	70分	80分	90分	100分	110分	120分
能按时完成上级主管领导交办的各项工作任务												

表 10-5 KCIa 考核表:大局意识(二级)

指标名称	大局意识(二级)				指标编号			KCIa-001				
指标含义	能够站在公司的角度来考虑整体问题与平衡整体利益的意识											
指标等级	二级				考核周期			半年				
数据输出部门	直接上级或人力资源部				数据输出时间			每年 1 月、7 月				
大局意识(二级)评价表												
评价得分	远低于要求			低于要求			达到要求			高于要求		
	10分	20分	30分	40分	50分	60分	70分	80分	90分	100分	110分	120分
能够从公司的角度来完成公司对部门的使命要求,同时能够兼顾公司的整体利益与长期发展需求												

第十一章 胜任力模型与薪酬体系

薪酬涉及企业所有员工——包括企业老板。薪酬体系是否科学、合理，在很大程度上影响企业战略目标的顺利达成，同时也对员工士气提升、优秀员工激励起到决定性作用。

对于企业而言，薪酬具有以下功能：

(1)增值功能。薪酬既是企业购买劳动力的成本，也是用来交换劳动者活劳动的手段，同时薪酬还是一种活劳动投资，它能给企业带来可预期的大于成本的收益。这种收益的存在，成为企业雇佣劳动力、投资劳动力的动力机制。

(2)激励功能。薪酬是对劳动者和经营者工作绩效的一种评价，反映其工作数量和质量状况。因此，薪酬可以激励员工的劳动效率和积极性。

(3)协调功能。薪酬一方面通过其水平变动，将组织目标和管理者意图传递给员工，促使个人行为与组织行为融合，协调员工与组织之间的关系；另一方面，通过合理的薪酬差别和结构，化解雇员之间的矛盾，协调人际关系。

(4)配置功能。由于人们一般都愿意到薪酬较多的地区、部门和岗位工作，企业可以利用薪酬差别引导人力资源的流向，促进人力资源的有效配置。

对于员工而言，薪酬具有以下功能：

(1)保障功能。员工通过劳动和经营行为，换取薪酬以满足个人及家庭的吃、穿、住、用等基本生活需求，从而实现劳动力的再生产。

(2)价值体现功能。高薪酬是员工工作业绩的显示器，是对员工工作能力和水平的承认，也是对个人价值实现的回报，是晋升和成功的信号。它反映了员工在组织中的相对地位和作用，能使员工产生满足感和成就感，进而激发出更大的工作热情。此外，合理的薪酬还增强了员工对组织的信任感和归属感，增强了其对预期风险的心理保障意识和安全感。

第一节　基于胜任力的薪酬体系综述

一般来讲,薪酬有狭义和广义之分,如图11－1所示,从狭义的角度来看,薪酬是指个人获得的以工资、奖金及以金钱或实物形式支付的劳动回报。那么,广义的薪酬概念又是什么呢?广义的薪酬包括经济性的报酬和非经济性的报酬,经济性的报酬指工资、奖金、福利待遇和假期等,非经济性的报酬指个人对企业及对工作本身在心理上的一种感受(见图11－1)。

目前很多企业的薪酬体系设计还仅仅停留在经济性报酬中的直接报酬上。企业对于间接报酬及其他经济性报酬的关注还不够,更谈不上非经济性薪酬体系设计,而但凡优秀的企业都非常重视这些内容。

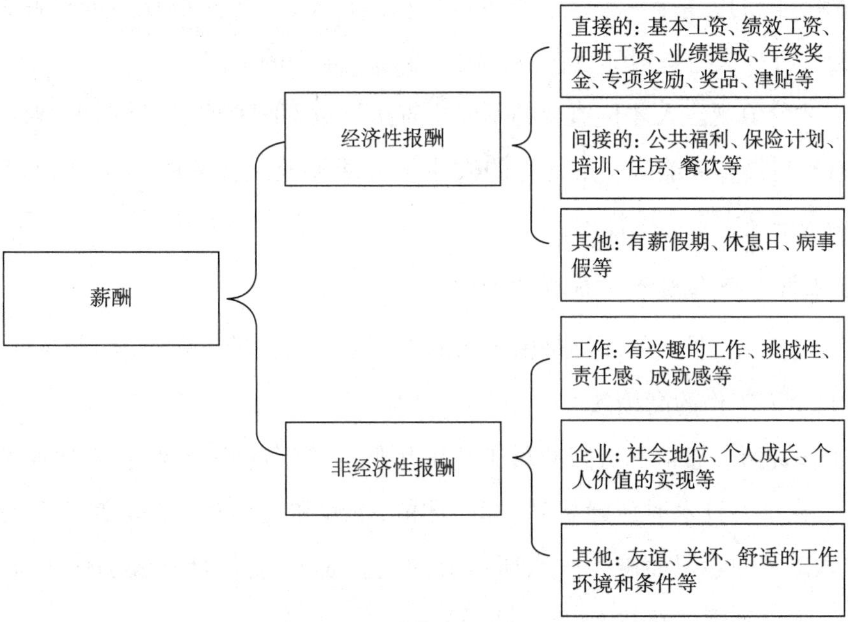

图11－1　薪酬构成

一、影响薪酬的因素

为什么各个企业的薪酬水平都不一样呢?为什么我们周围的同事和朋友们的收入千差万别呢?有许许多多的可变因素影响着员工的薪酬水平,这些因素可以归纳为三类:一类是企业内部因素,一类是企业员工个人因素,另一类是企业外部的社会因素。

1. 企业内部因素对薪酬水平的影响

(1)企业愿景。企业处于行业的不同时期(导入期、成长期、成熟期、衰退期),其盈利水平、盈利能力及愿景的不同会导致薪酬水平的差异。

(2)企业经营状况。企业经营状况直接决定着员工的工资水平:经营得较好的企业,其薪酬水平相对比较稳定且有较大的增幅;而那些经营业绩较差的企业,其薪酬水平相对较低且不具有保障。

(3)企业负担能力。员工的薪酬与企业负担能力的大小存在着非常直接的关系:如果企业负担能力强,则员工的薪酬水平高且稳定;如果薪酬负担超过了企业的承受能力,那么企业就会造成严重亏损、停业或破产。

(4)薪酬政策。薪酬政策是企业分配机制的直接表现,直接影响着企业利润积累和薪酬分配的关系:一部分企业注重高利润积累,一部分企业注重二者之间的平衡关系,所有这些差别都会直接导致企业薪酬水平的不同。

(5)人才价值观。人才价值观的不同会直接导致薪酬水平的不同,如:对问题"是否只有支付高薪才能吸引最优秀的人才""是否要重奖优秀的人才"的回答不同,其薪酬水平是完全不一样的。

2. 企业员工个人因素对薪酬的影响

(1)工作表现。员工的薪酬是由个人的工作表现决定的,因此在同等条件下,高薪也来自个人工作的高绩效。

(2)工作资历。通常资历高的员工比资历低的员工的薪酬要高,主要原因是要补偿员工在学习技术时所耗费的时间、体能、金钱和机会甚至是心理上的压力等直接成本以及因学习而减少收入所造成的机会成本,而且带有激励作用,即促进员工愿意不断地学习新技术、新技能,提高生产力水平。

(3)工作技能。如今科技进步、资讯发达,企业竞争已从传统的产品战演变成为行销战、策略战等全面性的竞争。企业之争便是人才之争,掌握关键技能的人,已成为企业竞争的利器。这类人才成为企业高薪聘请的对象。企业竞争激烈,使得企业愿意付高薪给两种人:第一种是掌握关键技术的专才,第二种则是阅历丰富的通才。阅历丰富的通才,可以有效整合企业内高度分工的各项资源形成综合效应,员工应该把握各种机会丰富自己的阅历,在参与各项工作中,均应尽心尽力，当作学习的机会，充实自己本业以外的知识与技术，假以时日，自然能创造非凡价值。

(4)工作年限。工龄长的员工薪酬通常要高一些，主要是为了补偿员工过去的投资并减少人员流动。连续计算员工工龄工资的企业，通常能通过年资起到稳定员工队伍，降低流动成本的作用。

(5)工作量。不管按时计薪、按件计酬还是按绩效计酬，通常工作量较大时，薪酬水平也较高。这种现实的工作量大小差别是导致薪酬水平高低差别的基本原因。

(6)岗位及职务差别。职务既包含着权力，也负有相应的责任。权力是以承担相应的责任为基础的，责任是由判断力或决定能力而产生的。通常情况下，职务高的人权力大，责任也较重，因此其薪酬水平相对也较高。

3. 企业外部社会因素对薪酬的影响

(1)地区及行业差异。企业所在地区和所属行业的不同对企业的薪酬水平影响很大，企业在制定薪酬标准时应根据行业特点及本地区的消费水平来决定。一般经济发达地区的薪酬水平比经济落后的地区高，处于行业成长期和成熟期企业的薪酬水平比处于衰退期的高。

(2)地区生活指数。不同地区的生活指数不同，企业在确定员工的基本薪酬时应参照当地的生活指数，一般生活指数高的地区，其薪酬水平相对也较高。

(3)劳动力市场的供求关系。劳动力价格(工资)受供求关系的影响：劳动力的供求关系失衡时，劳动力价格也会偏离其本身的价值；一般供大于求时，劳动力价格(工资)会下降；供低于求时，劳动力价格(工资)会上升。

(4)社会经济环境。社会经济环境直接影响着薪酬水平，在社会经济环境较好时，通常员工的薪酬水平也相对较高。

(5)社会平均工资。每个地区每年都会公布当地社会平均工资，这也在很大程度上影响着企业的薪酬水平。

(6)与薪酬相关的法律法规。与薪酬相关的法律法规包括最低工资制度、个人所得税征收制度以及强制性劳动保险的种类及交缴费用的水平，通常这些制度及因素都直接影响着员工的薪酬水平。

(7)劳动力价格水平。通常劳动力价格水平越高的地区，薪酬水平也越高；劳动力价格水平低的地区，薪酬水平也较低。

二、薪酬体系设计原则

企业在进行薪酬体系设计时，通常会遵循以下原则：

（1）公平性原则。企业员工对薪酬的公平感，也就是对薪酬发放是否公平的认识与判断，是现代企业设计薪酬制度和进行薪酬管理时首要考虑的因素。公平性原则包含内部公平、外部公平、过程公平、结果公平等内容。

（2）竞争性原则。在社会上和人才市场中，企业的薪酬标准要有吸引力，才足以战胜竞争对手，招到企业所需的人才，也才能留住人才。竞争性原则包含薪酬水平领先、薪酬结构多元化、薪酬价值取向合理等内容。

（3）激励性原则。要在内部各类、各级岗位的薪酬水准上，适当拉开差距，真正体现薪酬的激励效果，从而提高员工的工作热情，为企业做出更大的贡献。激励性原则包含个人能力激励、团队责任激励、企业业绩激励等内容。

（4）经济性原则。提高企业的薪酬水准，固然可以提高其竞争性与激励性，但同时不可避免地会导致企业人力成本的上升。因此，薪酬水平的高低不得不受经济性的制约，即要考虑企业实际承受能力的大小。经济性原则包含薪酬总额控制、利润合理积累、劳动力价值平衡等内容。

（5）合法性原则。现代企业的薪酬系统必须符合现行的政策与法律，否则将难以顺利地推行。合法性原则包含符合国家和地方政府的法律法规、符合企业自身各项规章制度等内容。

（6）公开原则。薪酬方案必须公开，使员工了解自己从中得到的全部利益，了解其获利与其贡献、能力、表现之间的联系，以利于充分发挥物质利益的激励作用。如果总是发放一些名目不详的实物，奖金、补贴、住房分配也与个人表现无关，那么，这只能徒然增加人工成本费用，提高员工对物质利益的期望水平，甚至会产生不必要的矛盾。

三、薪酬体系设计需要重点解决的问题

一套完善的薪酬体系，必须解决好薪酬的外部公平性、薪酬的内部公平性、薪酬与能力、薪酬与绩效等四大核心问题。

（1）薪酬的外部公平性问题。薪酬的外部公平是指企业内部薪酬水平与外部市场水平之间的平衡问题。如果内部薪酬水平偏低就可能导致内部优秀员工的流失，同时企业也很难吸引优秀的人才加盟；同样，如果内部薪酬水平过高，就可

能造成企业薪酬支付负担加重。选择合适的薪酬策略,保证薪酬的外部公平是企业进行薪酬体系设计时需要重点考虑的因素之一。

(2)薪酬的内部公平性问题。薪酬的内部公平是指企业内部不同岗位之间的薪酬平衡问题。在企业内部可能有几十个、几百个岗位,如何保证岗位之间的薪酬公平也是非常关键的,这就需要进行岗位价值评估。

(3)薪酬与能力的匹配问题。薪酬与能力的匹配问题需要解决两个核心问题:第一,同一员工工作能力的提升,如何在薪酬体系中得以体现;第二,同一岗位上不同员工的能力大小不同,在确定每个人薪酬的时候如何体现。

(4)薪酬与绩效的匹配问题。如何保证“干好干坏不一样”、打破“干与不干一个样”的分配机制、体现“多劳多得”的分配思想是企业在设计薪酬体系时需要思考的另外一个问题,而解决这一问题的有效办法就是绩效薪酬。

四、薪酬体系的发展趋势

现代企业薪酬管理强调的是通过薪酬激励,提高员工的主动性、协作性和创新性的发挥,而不是传统的对“偷懒”行为的约束。现代薪酬不是简单的对员工贡献的承认和回报,而应该成为公司战略目标和价值观转化的具体行动方案,以及支持员工实施这些行动的管理流程。许多员工既重视工资和收益,又在意工作环境和发展机会,无论任职的形式如何,都倾向于认为自己是在为自己工作。因此,现代薪酬理论除了各种形式的收益分享计划,还有其他一些新的变化。

1. 宽带薪酬体系

这种薪酬体系将原来报酬各不相同的多个岗位进行大致归类,每类的报酬相同,同一工资水平的人员类别增加,一些下属甚至可以享受与主管一样的工资待遇,使薪酬浮动幅度加大,激励作用加强。一些学者认为:这种薪酬模式突破行政岗位与薪酬的联系,有利于职业发展管理的改善,形成一种集体凝聚力,适应组织扁平化造成晋升机会减少的客观现实。宽带薪酬体系是基于岗位价值和市场薪酬水平分析为主的一种新型的薪酬体系模式,其优点为:

(1)以岗位价值作为薪酬的重要确定因素之一,有利于对不同序列岗位骨干员工起到吸引、激励和保留作用,充分体现了薪酬的内部公平性。同时,也能使公司的薪酬策略和人力资源策略更好地配合公司经营策略的调整。

(2)打破了细致的职位等级划分,减轻了传统意义上的薪酬等级意识,有利于增强团队意识和合作精神。

(3)鼓励员工提高技术、知识和能力水平,符合公司持续发展的要求。

(4)可以通过单纯的职务晋升来激励员工,降低公司的激励成本。

2. *以绩效和能力为基础的薪酬体系*

企业在设计薪酬体系时,需要解决"干好干坏一个样""干与不干一个样""能力好坏一个样"等一系列问题。这些问题的解决,需要企业在设计薪酬体系时重点考虑绩效与薪酬的衔接以及能力对薪酬的影响等。

在原来企业的薪酬体系中,曾经有过类似岗位技能工资制度、岗位绩效工资制度,但是这些薪酬制度都很难从根本上解决上述问题,企业需要在一个薪酬体系中体现员工工作业绩的好坏、员工能力的强弱,这是薪酬体系设计未来发展的一个趋势。

基于绩效和能力的薪酬体系具有以下优点:

(1)促使员工在日常工作中经常对照岗位任职资格,从而找到自己在能力上的差距。

(2)鼓励员工提升自己的技能,进而适应更高职位的任职要求。

(3)强化绩效导向管理思想,给员工造成"拿多少,业绩说了算"的思想。

(4)通过绩效薪酬的激励,促使企业战略目标的实现。

综上所述,无论是宽带薪酬中的员工薪酬定级,还是以能力为基础的薪酬体系,都离不开基于胜任力对员工适岗率进行的评估。

第二节　薪酬体系建设基本方法

要设计一个科学合理的薪酬体系,一般包括以下几个关键步骤,分别是工作分析与岗位描述、岗位价值评估、薪酬调查与薪酬激励策略、员工能力评估及薪酬定级、薪酬模式选择与多元化薪酬结构设计、薪酬套算与实施,我们把企业薪酬体系设计总结为"六步法"。

一、工作分析与岗位描述

薪酬体系设计的基础是岗位,因此企业必须按照组织设计“十大原则”对公司一级组织结构、部门二级结构、部门使命与职能、岗位说明(含岗位使命、岗位职责、岗位发展通路、岗位权限、岗位任职资格等)进行系统梳理与优化,输出公司岗位清单。

二、岗位价值评估与薪酬宽带设计

在公司内部可能有几十个岗位,也有可能有几百个岗位,如何解决岗位之间的公平性问题——企业需要对所有岗位进行系统的岗位价值评估。

岗位价值评估又称职位价值评估或工作评价,是指在工作分析的基础上,采取一定的方法,对岗位在组织中的影响范围、职责大小、工作强度、工作难度、任职条件、岗位工作条件等特性进行评价,以确定岗位在组织中的相对价值,并据此建立岗位价值序列的过程。

1. 岗位价值评估原则

岗位价值评估是一项技术性强、涉及面广、工作量大的活动,是现代人力资源管理薪酬体系设计的关键。为了保证岗位价值评估工作的顺利开展,提高评估的科学性和合理性,并获得公司内部绝大多数员工的认同,一般来说,公司在实施岗位价值评估过程中需要遵循以下几个原则:

(1)“对岗不对人”的原则。岗位价值评估的对象是公司中所有的岗位,而非从事某个岗位的具体某一个人。在一般的岗位价值评估过程中,往往在考虑岗位重要性的同时,许多人就自然而然地将目前从事该岗位的员工联系在一起考虑,这个观念是不对的。因为岗位承担了公司战略目标实现的所有事项,只有将每个岗位的工作职责加起来才能形成整个公司实现盈利的运行模式。但在这个过程中,每个岗位承担的工作会有差异,其重要程度也存在不同。比如,在一个传统的制造企业,销售岗位和生产、后勤服务岗位承担的职责差别很大,那么它们之间的重要程度如何衡量,就需进行岗位价值评估。

(2)适宜性原则。岗位价值评估必须从公司实际出发,选择适合公司实际的评估模型、评估方法、评估技术和评估程序。只有这样,评估结果才会体现出合理性。

（3）评估方法、评估标准统一的原则。为了保证岗位价值评估工作的规范化和评估结果的可比性，提高评估工作的科学性和工作效率，岗位价值评估必须采用统一的评估方法和评估标准。在规定范围内，作为评估工作中共同遵守的准则和依据。

（4）过程参与原则。岗位价值评估工作涉及公司内部的所有岗位，评估结果也会影响公司所有员工的薪资水平，岗位价值评估方法的科学性、岗位价值评估要素和评估标准的准确性以及评估数据处理的规范性等最终都会影响公司所有岗位的相对重要程度和地位，因此，员工对此都非常重视和关心。同时，由于员工最了解自己所从事的岗位，适当地让其参与到岗位价值评估工作中，更容易让他们对岗位价值评估的结果产生认同感，也有利于增强岗位价值评估结果的合理性。

（5）结果公开的原则。岗位价值评估结果应该向员工公开，透明化的岗位价值评估标准和评估程序、评估结果有利于员工对企业的价值取向达成理解和认同，有利于员工明确自己的努力方向，并降低薪酬管理中可能出现的——如随意性大等的——风险，同时可以提高员工对薪酬的满意度，减少员工对薪酬的抱怨。

2. 岗位价值评估模型选择与开发

在岗位评估之前，选择合适的岗位价值评估模型是至关重要的。岗位价值评估模型是基于企业各岗位的共同特点建立起来的一系列评价要素的组合，它的重要作用在于解决不同岗位之间的可比性。

在操作过程中，我们会根据企业规模、企业性质以及企业的具体要求选择合适的评估模型，常见的岗位价值评估模型有 HAY 评价法、CRG 评价法、MERCER 评价法、日内瓦评价法等。当然，企业也可以根据自身特点进行岗位价值评估模型设计。

3. 岗位价值评估组织

在进行岗位价值评估工作前，企业通常需要建立一个由 9 ~ 11 个小组（每个小组两人）组成的评估组织，这是必要也是非常重要的一个环节。一方面可以避免因为个体对岗位价值认识的片面性和局限性所导致的评价偏差；另一方面也可以避免个体评价过程中的差异性和不确定性，从而确保评价数据的客观、公正和准确；同时它还有一个重要意义在于能够确保评价数据和结果在员工心目中具有足够的公信力。

岗位价值评估小组成立之后,企业就可以组织进行岗位价值评估。常见的岗位价值评估方法有两种:一种是评估成员面对面评估法,另外一种是评估成员背对背的评估法。企业无论采用哪种方法,都要保证评估小组成员在一起进行评估,根据评估对象的多寡,最好利用一天或两天的时间集中进行,并且要保证评估过程免受他人影响。

4. 岗位价值评估数据处理与薪酬宽带设计

岗位价值评估结束后,企业需要对数据进行处理和有效性分析,在这个过程中需要注意:

(1)在岗位价值评估过程中往往会有几千个甚至几万个数据,统计与处理数据是一项比较繁杂的工作。因此,一般我们建议企业在进行数据统计时,利用计算机进行,这样可以保证数据统计与处理的效率。

(2)数据统计过程控制。为了保证数据处理的正确性,我们建议企业成立一个由 2 ~ 3 人组成的工作组进行统计,以便互相监督,保证数据输入、处理的准确性。

(3)评估数据差异性分析。评估数据统计出来后,企业还需要对评估数据进行差异性分析,以保证数据的一致性。在进行差异性分析时,我们经常采用数理统计的方法,分析评估组成员对每一个岗位评估的数据,以保证数据的有效性。

(4)个别岗位重新评估。对一些确因评估小组成员对评估岗位情况不熟悉而造成的数据无效,应该组织相关人员对这些岗位进行重新评估。

(5)岗位价值评估数据处理结束后,企业还需要对所有岗位按照岗位价值进行排名,并进行薪酬宽带设计。

【案例 11 -1】 深圳某集团 B 层级(经理级)岗位价值排名及薪酬宽带设计

表 11 -1 深圳某公司 B 层级(经理级)岗位价值排名

序号	中心	部门	岗位名称	岗位价值
1	营销中心	销售部	销售部经理	688
2	研发中心	研发部	研发部经理	643
3	产品中心	生产部	生产部经理	638

续表

序号	中心	部门	岗位名称	岗位价值
4	管理中心	战略发展部	战略发展部经理	632
5	产品中心	PMC 部	PMC 经理	618
6	研发中心	工艺部	工艺部经理	610
7	产品中心	工程部	工程部经理	605
8	研发中心	应用技术部	应用技术部经理	604
9	产品中心	品管部	品管部经理	600
10	营销中心	市场部	市场部经理	590
11	财务中心	财务部	财务核算部经理	583
12	财务中心	资金管理部	资金管理部经理	580
13	管理中心	人力资源部	人力资源部经理	564
14	营销中心	销售商务部	销售商务部经理	544
15	产品中心	设备部	设备部经理	515
16	管理中心	信息部	信息部经理	501
17	产品中心	仓储物流部	仓储物流部经理	477

表 11－2　深圳某集团 B 层级（经理级）薪酬层级

最高分	688 分	最低分	477 分
高低差	211 分	层内级数	17 级
层差	21.1 分	薪酬宽带	7 级

表 11－3　深圳某集团 B 层级（经理级）薪酬宽带

岗位名称	岗位价值	经理17级	经理16级	经理15级	经理14级	经理13级	经理12级	经理11级	经理10级	经理9级	经理8级	经理7级	经理6级	经理5级	经理4级	经理3级	经理2级	经理1级
		B01	B02	B03	B1	B2	B3	B4	B5	B6	B7	B8	B9	B10	B11	B04	B05	B06
		751.3	730.2	709.1	688	666.9	645.8	624.7	603.6	582.5	561.4	540.3	519.2	498.1	477	455.9	434.8	413.7
销售部经理	688																	
研发部经理	643																	
生产部经理	638																	
战略发展部经理	632																	
PMC 经理	618																	
工艺部经理	610																	
工程部经理	605																	
应用技术部经理	604																	
品管部经理	600																	
市场部经理	590																	
财务核算部经理	583																	
资金管理部经理	580																	
人力资源部经理	564																	
销售商务部经理	544																	
设备部经理	515																	
信息部经理	501																	
仓储物流部经理	477																	

三、外部薪酬调查与薪酬激励策略

市场薪酬水平调查是应用各种合法的手段获取相关企业各岗位的薪酬水平及相关信息，再对所搜集到的信息进行统计和分析，进而结合企业自身的战略目标和经营绩效，确定企业薪酬水平定位。

企业在进行外部市场薪酬水平调查时，由于每个企业的经营规模、发展阶段、经营效益、员工整体素质、所处地域的不同，调查结果可能会存在很大的差异。为了减少这些因素对调查结果的影响，企业应该选定调查行业、调查企业规模、调查基准岗位，在完成调查后再进行相关技术处理。只有这样，调查的结果对企业才有指导意义。

1. 外部薪酬调查

外部薪酬调查需要注意两个问题，即基准岗位选择、市场薪酬调查。

(1)基准岗位选择。在正式实施薪酬调查前，对需要调查的岗位进行详细说明，包括岗位的使命、职责，尤其要对岗位任职者的技能、学历、经验、知识要求进行明确，否则调查结果就没有可比性。

同样是一个工程师职位，在A公司他可能需要承担新产品的研发、新技术的引进、技术改造、技术项目管理等等，但凡与技术有关的工作都需要这个岗位来做；而在B公司中，工程师可能只需要解决日常的技术工作即可，如生产工艺技术管理、产品技术管理等。从表面上看，两位都是工程师，既然都是工程师，就应该拿同样的工资。但是，如果我们仔细分析，就会得出“看似同工，其实不同工”的结论，相应地，工资也就会有所差异。

所以说，选定薪酬调查基准岗位是至关重要的。

(2)市场薪酬调查。薪酬调查的方法有很多，企业可以选择通过与其他公司管理者非正式的交流获得薪酬信息，可以通过报纸、杂志、网络来收集薪酬信息，可以通过薪酬调查问卷收集薪酬信息，也可以委托专门的薪酬调查组织或机构收集薪酬信息。

2. 薪酬激励策略

在确定每个岗位薪酬水平之前，企业还需要根据发展战略、经营需要制定相应的薪酬策略，明确未来薪酬着重激励的对象。企业在制定薪酬策略时，可以按照管理层级确定，也可以按照职位族类别确定。通常情况下，企业的薪酬策略往往会是:A 层级员工采用 90P,即市场高位值;B 层级员工采用市场 75P;C 层级、D 层级员工都是采用市场 50P,即市场中位值。而从职位族来看,管理类、技术类和营销类采用相对比较高的分位值,专业事务类和辅助类则采用比较低的分位值(见表 11-4)。

表 11-4　企业薪酬水平矩阵(示意)

管理层级	管理职位族	营销职位族	技术职位族	专业事务职位族	辅助职位族
A 层级(高管级)	90P	—	—	—	—
B 层级(经理级)	75P	—	—	—	—
C 层级(主管级)	75P	90P	90P	75P	50P
D 层级(专员级)	—	75P	75P	50P	50P
E 层级(作业员级)	—	—	—	—	50P

3. 薪酬水平设计

结合外部市场数据及企业内部激励策略,企业就可以完成薪酬水平设计。需要注意的是,在企业内部不同的职位族由于激励策略的不同,同一层级的薪酬水平可以不同。

【案例 11-2】　深圳某集团 C 层级(主管级)岗位薪酬水平(示意)

表 11-5　深圳某集团 C 层级(主管级)岗位薪酬水平(示意)

薪酬层级	专业事务职位族			技术职位族		
	标准年薪(元)	年薪级差(元)	岗位名称	标准年薪(元)	年薪级差(元)	岗位名称
主管 17 级	119400	—		131400	—	
主管 16 级	119400	5400		126000	5400	
主管 15 级	114000	5400		120600	5400	
主管 14 级	108600	5400		115200	5400	
主管 13 级	103200	5400		109800	5400	
主管 12 级	97800	4800		105000	4800	
主管 11 级	93000	4800		100200	4800	
主管 10 级	88200	4800		95400	4800	

续表

薪酬层级	专业事务职位族			技术职位族		
	标准年薪（元）	年薪级差（元）	岗位名称	标准年薪（元）	年薪级差（元）	岗位名称
主管 9 级	83400	4200		91200	4200	
主管 8 级	79200	4200		87000	4200	
主管 7 级	75000	4200		82800	4200	
主管 6 级	70800	3600		79200	3600	
主管 5 级	67200	3600		75600	3600	
主管 4 级	63600	3600		72000	3600	
主管 3 级	60000	3000		69000	3000	
主管 2 级	57000	3000		66000	3000	
主管 1 级	54000	3000		63000	3000	

四、基于胜任力的员工薪酬定级

每个岗位的薪酬宽带有 7 级，那么如何确定员工究竟对应哪个级别？这就需要根据胜任力模型对员工的能力进行评价，然后根据评价结果进行员工薪酬定位。

基于任职资格的员工能力评价结果有三种可能：大材小用、量才适用、小材大用（见图 11－2）。根据三种结果，在确定员工薪酬层级时，我们假设每个岗位的薪酬宽带为 7 级，岗位胜任力要求为 X，员工实际能力状况为 Y：

（1）当 $X-Y>0$ 时，说明员工的实际能力没有达到岗位胜任力要求，这时给员工做薪酬定位只能定到薪酬宽带的中位值以下，根据程度可以定为 1 级、2 级或 3 级。

（2）当 $X-Y<0$ 时，说明员工的实际能力已经超过岗位胜任力要求，这时给员工做薪酬定位只能定到薪酬宽带的中位值以上，根据程度可以定为 5 级、6 级或 7 级。

（3）当 $X-Y=0$ 时，说明员工的实际能力刚好达到胜任力要求，这时给员工做薪酬定位就可以定为薪酬宽带的中位值 4 级。

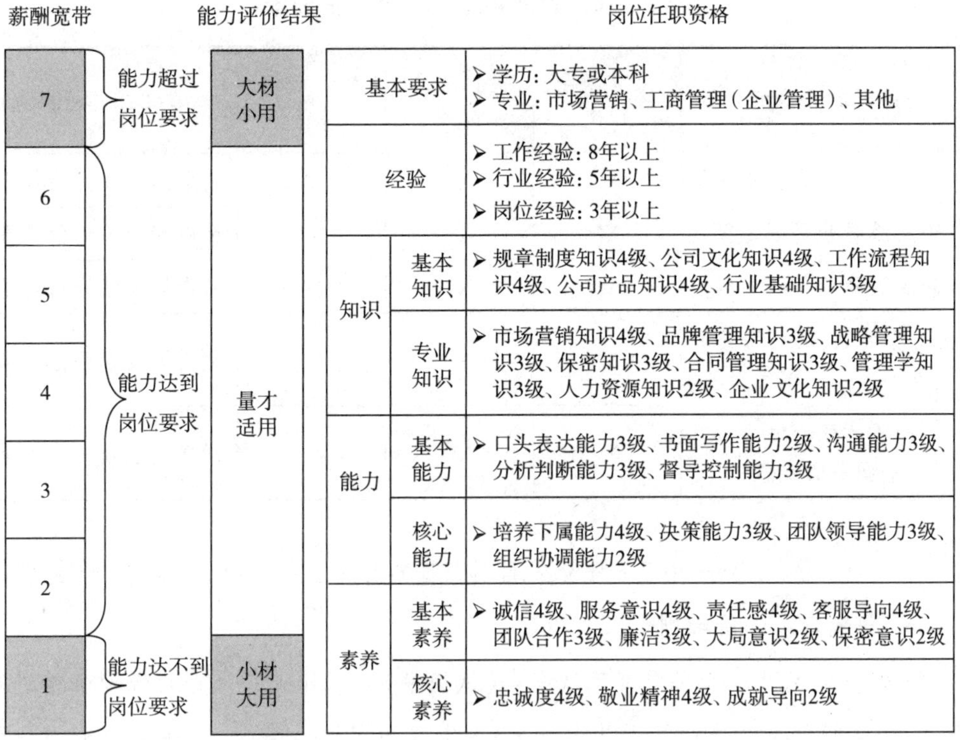

图 11－2　员工胜任力评价与薪酬定级

【案例 11－3】　深圳某集团基于胜任力的员工薪酬定级办法

1. 薪酬等级定级原则

根据公司《薪酬管理制度》及组织管理原则，员工薪酬层级确定坚持适才适岗、以能定薪、以绩定薪的原则，杜绝低能高薪、低绩高薪。

2. 薪酬等级定级

2.1 根据公司《薪酬管理制度》相关规定，员工薪酬层级定级分为年度常规性调整、非常规性调整。

2.2 非常规性调整包括新入职试用期满首次定级、跨层级晋升薪酬定级、跨层级降职薪酬定级、因工作关系（公司需要）发生平调薪酬定级、因不称职而发生平调薪酬定级五种。

2.3 员工薪酬定级的依据为岗位任职资格，具体见《岗位说明书》及员工工作业绩。

表 11-6　薪酬定级类型及评估要素

薪酬定级类型	岗位综合知识	岗位综合技能	岗位综合素养	员工工作业绩
新入职试用期满首次定级	√	√	√	试用期业绩评估结果
跨层级晋升薪酬定级	√	√	√	试岗期业绩评估结果
跨层级降职薪酬定级	√	√	√	试岗期业绩评估结果
因工作关系(公司需要)发生平调薪酬定级	√	√	√	试岗期业绩评估结果
因不称职而发生平调薪酬定级	√	√	√	试岗期业绩评估结果

2.4 员工薪酬定级采用三人评价法，即员工直接上级、间接上级及人力资源部经理。

3. 薪酬定级评价细则

3.1 薪酬定级评价根据员工试用期(试岗期)间工作业绩及岗位任职资格进行评估，评估得分 = 工作业绩评估得分 ×3 + 岗位知识评估得分 ×1 + 岗位能力评估得分 ×2 + 岗位职业素养评估得分 ×1。

3.2 试用期(试岗期)薪酬定级评估模型(见表 11-8)。

4. 评价结果与薪酬定级

表 11-7　员工胜任力评价结果与薪酬定级规则

薪酬层级	7 级	6 级	5 级	4 级	3 级	2 级	1 级	0 级
评价得分(X)	—	X > 76	70 < X ≤76	64 < X ≤70	56 < X ≤64	46 < X ≤56	34 < X ≤46	X≤34

5. 其他

5.1 非常规性薪酬定级必须在员工试岗期(试用期)满次月进行，并根据定薪结果由部门负责人与员工进行沟通。

5.2 非常规薪酬定级评价必须同时填写《员工定薪评价表》。

6. 附表

6.1 薪酬定级评估模型

6.2 员工薪酬定级评价表

7. 附加说明

7.1 本办法为公司《薪酬管理制度》的补充性文件。

7.2 本办法由人力资源部制定，经总裁审批后执行，自公布之日起生效。

表11-8 薪酬定级评估模型

试用期(试岗期)工作业绩评价得分： 分						
0分	0~2分	2~4分	4~6分	6~8分	8~10分	10~12分
无法完成工作所需要的最低业绩标准	只能实现岗位的初步业绩要求	基本上能实现岗位的业绩要求，但有待于提高	能实现岗位的业绩要求，表现一般	比较良好地实现了岗位业绩要求	出色地完成了岗位的业绩要求	超额完成了岗位的业绩要求
任职资格评估(知识)评估得分： 分						
0分	0~2分	2~4分	4~6分	6~8分	8~10分	10~12分
岗位知识掌握非常欠缺，完全不熟悉该岗位工作	对该岗位有少量的知识掌握和片面的认知	具备了胜任该岗位所要求的一部分知识，还有部分知识待进一步学习和提高	基本具备了胜任该岗位所要求的大部分的知识，但都处于普通状态	具备了胜任该岗位所要求的绝大部分的知识，而且有些方面已经比较出色	完全具备了胜任该岗位所要求的各方面的知识，而且非常出色	所掌握的知识已经远远超过了本岗位要求，在实际工作中能指导其他岗位开展工作
不足1/5的知识要素达到要求	近1/5的知识要素达到要求	近2/5的知识要素达到要求	近3/5的知识要素达到要求	近4/5的知识要素达到要求	全部知识要素都能达到要求	全部知识要素都能达到要求，部分要素超过岗位要求
任职资格评估(能力)评估得分： 分						
0分	0~2分	2~4分	4~6分	6~8分	8~10分	10~12分
技能非常差，完全不能独立完成该项工作	掌握了最简单的几项技能，但还不能有效胜任该项工作	掌握了胜任该岗位所要求的部分技能，还有部分技能有待进一步提高	基本掌握了胜任该岗位所要求的大部分的技能，但都处于普通状态	掌握了胜任该岗位所要求的绝大部分的技能，而且有些方面已经比较出色	完全掌握了胜任该岗位所要求的各方面的技能，而且非常优秀	以卓越的技能和优秀的成果给企业带来了直接的经济(社会)效益

续表

不足1/5的技能要素达到要求	近1/5的技能要素达到要求	近2/5的技能要素达到要求	近3/5的技能要素达到要求	近4/5的技能要素达到要求	全部技能要素都能达到要求	全部技能要素都能达到要求，部分项目超过岗位要求
任职资格评估(素养)评估得分： 分						
0分	0~2分	2~4分	4~6分	6~8分	8~10分	10~12分
职业素养非常差，其行为、理念完全背离了公司的价值观	职业素养偏低，自我控制力较弱，经常有出现背离公司要求的行为	职业素养一般，比较自我，需要进一步提高	职业素养处于普通状态，基本能按公司要求实现自我控制和管理	具备了良好的职业素养，经常得到他人称赞	具备优秀的职业素养，以榜样影响身边的人	以优秀的人格魅力影响着公司的每个人
不足1/5的素养要素达到要求	近1/5的素养要素达到要求	不足2/5的素养要素达到要求	不足3/5的素养要素达到要求	不足4/5的素养要素达到要求	全部素养要素都能达到要求	全部素养要素都能达到要求，部分要素超过岗位要求

表11-9 员工薪酬定级评价

评估内容	评估结果记录					
岗位综合知识	未达到岗位任职要求的知识要素：					
岗位综合技能	未达到岗位任职要求的技能要素：					
岗位综合素养	未达到岗位任职要求的素养要素：					
员工工作业绩评估	适岗期(试用期)员工工作业绩不理想项目：					
评估签字	直接上级		间接上级		人力资源部经理	
	日期		日期		日期	

五、薪酬模式选择与多元化薪酬结构设计

岗位薪酬宽带和员工薪酬定级确定后，每位员工对应的基本年薪就明确了，接下来的工作就是要根据不同岗位的特点选择合适的薪酬模式，设计多元化薪酬结构。

1. 常见的薪酬模式

(1)年薪制。年薪制是指在年度开始前，雇佣双方根据事先设定的目标决定员工薪酬水平。年薪制一般需要通过绩效合同来约定，一般适用于公司高层及董事会成员。

(2)结构工资制。结构工资制相对比较复杂，综合了原来岗位工资、技能工资、绩效工资的优点，目前被大多数企业使用。结构工资制通常会包括岗位工资、绩效工资、津贴、福利、加班工资等。

(3)提成制。提成制往往适用于与销售业务密切相关的岗位，以销售金额、销售数量或者销售利润进行分成。

(4)协议制。协议制也称协商薪酬制或谈判薪酬制，是指以劳动者为一方，用人单位为另一方，通过直接协商或谈判来确定薪酬支付标准，并将确定的薪酬标准写入劳动合同的一种制度。它是我国劳动力市场建立和发展的产物，能够真实地反映各类劳动力的价值和供求关系，薪酬随行就市，劳动者与用人单位双方都比较满意。协议薪酬制可以使企业在人才市场上的人才竞争中处于有利地位，一般适用于企业所急需的高级技术人才或管理人才。

(5)计时计件制。计时制根据员工的劳动时间来计量工资的数额，主要分为小时工资制、日工资制、周工资制和月工资制四种。计件制则是预先规定好计件单价，根据员工生产的合格产品的数量或完成一定工作量来计量工资的数额。与计时制相比，计件制的优点是能够更加密切地将员工的劳动贡献与员工的薪酬结合起来，提高员工的劳动生产率。

不同薪酬模式的适用范围是不同的，需要企业根据岗位特点进行识别和设计。

2. 薪酬结构设计

一般而言，企业的薪酬结构都是多元化的，包括岗位工资、加班工资、绩效工资、福利、津贴等(见表11－10)。很多企业甚至划得更细，将薪酬结构划分为多个

层次及多个项目。每个企业对薪酬概念的理解不同,对薪酬构成的划分也不尽相同。从薪酬结构可以看出企业的一些个性,因为不同的薪酬构成可以体现出不同企业对人才价值的取向。

表 11－10 常见薪酬结构

薪酬体系	岗位工资	绩效工资			业务提成	加班工资	福利	津贴	保险
		月度绩效工资(计时计件工资)	季度绩效工资	年度绩效工资					
年薪制	√			√			√	√	√
结构工资制	√		√	√		√	√	√	√
计时计件制	√						√	√	√
提成制	√	√			√		√	√	√
协议制	√						√	√	√

薪酬结构确定后,企业还需要确定不同人员的固定薪酬与浮动薪酬的比例,按照固定和浮动的比例,可以分为:高弹性薪酬结构(固定部分比例低,浮动部分比例高),高稳定性薪酬结构(固定部分比例高,浮动部分比例低)和调和性薪酬结构(固定和浮动比例相当),不同的薪酬结构比较如表 11－11 所示:

表 11－11 不同薪酬结构比较

薪酬模式	高弹性薪酬模式	调和性薪酬模式	高稳定性薪酬模式
特点	绩效薪酬所占比例很高,基本薪酬等所占比例很低	绩效薪酬与基本薪酬等各占一定的合理比例	基本薪酬所占比例很高,绩效薪酬等所占比例很低
优点	激励性很强,与员工业绩联系密切	对员工有激励性,员工也有安全感	员工收入波动很小,员工的安全感很强
缺点	员工收入波动很大,员工缺乏安全感及保障	必须以科学合理的薪酬系统为前提	缺乏激励功能,容易导致员工懒惰
适用范围	业务人员、生产一线人员	公司高管、部分中层管理人员	职能部门基层员工、协议制员工

究竟在企业哪些岗位采用高弹性薪酬结构,哪些岗位采用高稳定性薪酬结构,企业需要在进行薪酬体系设计时一并予以规划,如表 11－12 所示:

表 11－12　薪酬结构矩阵设计

职族	管理职位族	财务职位族	营销职位族	技术职位族	专业事务职位族	辅助职位族
A 层级	50%:(0+50%)	—	—	—	—	—
B 层级	60%:(20%+20%)	—	—	—	—	—
C 层级	60%:(20%+20%)	—	—	—	—	—
D 层级	—	70%:(20%+10%)	40%:(50%+10%)	70%:(20%+10%)	70%:(20%+10%)	70%:(20%+10%)
E 层级	—	70%:(20%+10%)	40%:(50%+10%)	70%:(20%+10%)	70%:(20%+10%)	70%:(20%+10%)
备注	为了解决对不同职位族的激励差异性问题,不同职位族的薪酬构成比例(12 个月职位工资总和=4 个季度的绩效工资总和+年度绩效工资)是不同的					

(1)岗位工资。岗位工资是员工薪酬构成中最基本也是最重要的单元,是确定其他工资的基础。岗位工资是相对稳定的,这种稳定会维持2~3 年或者更长的时间。维持岗位工资的稳定有助于企业薪酬总额的控制及日常薪酬管理。

(2)绩效工资。绩效管理是人力资源管理活动中一个非常重要和基础的工具。现代绩效管理正在朝着管理、激励员工不断创造优秀业绩的方向发展。绩效管理已经演变为一门科学,为越来越多的企业所应用。

绩效工资可以分为年度绩效工资、季度绩效工资及月度绩效工资,不同的绩效管理系统可以采用不同的组合形式。绩效工资的计算取决于两个因素:其一是标准绩效工资,其二是绩效考核结果。一般而言,企业绩效管理系统会对绩效工资的计算做出详细的规定。企业绩效管理的方法不同,绩效工资的计算方法也会有差异。

(3)工龄工资。工龄工资(又称年资)是指随着员工工作年限增长而变动的薪酬部分。年资是对长期工作员工的一种报酬奖励形式,其目的是承认员工以往劳动的积累,激励他们长期为企业工作。年资是薪酬结构的辅助单元,一般企业年资的设计也比较简单,通常采用递增法来设计。

(4)加班工资。一般将在法定节假日和公休日内进行工作称为加班;在标准工作日内的标准工作时间外进行工作,称为加点。但习惯把加班和加点统称为加班。加班加点工资是指因加班加点而支付的工资。

(5)津贴。津贴是指补偿劳动者在特殊条件下的劳动消耗额外支出的工资补充形式,津贴不与劳动的数量和质量发生直接联系,其发放的原则与依据是劳动者劳动环境与条件的优劣。津贴项目可以分为通信津贴、车辆津贴、夜班津贴等等。

(6)社保。这里我们所讲的社保体系仅仅是指社会保险部分,社会保险是企业员工主要的社会保障待遇。员工因为面临的劳动风险不同,所以得到的保险待遇也有所不同。鉴于各国的发展水平和社会保险制度的完善程度不同,所提供的承保项目也不完全一致。社保包括养老保险、失业保险、工伤保险、医疗保险和生育保险。

(7)福利。良好的福利对企业发展的意义非常重大,一方面可以吸引外部的优秀人才,另一方面还可以增加企业凝聚力,提高员工士气。许多企业越来越清晰地认识到,良好的福利有时比高工资更能激励员工。为员工创造良好的福利津贴是企业"以人为本"经营思想的重要体现,也是政府一直大力提倡的。

福利包括两部分:一部分是政府通过立法形式,要求企业必须提供给员工的福利和待遇,称为法定福利;另外一部分是企业提供给本企业员工的福利,称为企业福利。企业福利还可分为两种形式:一种是由企业兴办的各种集体福利;另一种是企业为员工及其家庭所提供的实物和服务等福利待遇。

六、薪酬套算及实施

新的薪酬体系的实施,意味着企业同时要废止原来执行的薪酬方案。为了避免引起不必要的震动,企业在薪酬体系切换及实施的时候还需要注意以下几个问题:

1. 薪酬切换

根据新的薪酬体系,对于每个员工而言,其薪酬水平有可能会提升,也有可能会降低,那么如何才能保证顺利切换呢?

假设某一位员工按照原来的薪酬体系其基本年薪为 60000 元,新的体系中该岗位薪酬级别及对应基本年薪如表 11-3 所示:

表 11-13　某岗位薪酬层级及对应基本年薪

薪酬宽带	7 级	6 级	5 级	4 级	3 级	2 级	1 级
基本年薪(元)	73000	69000	65000	61000	58000	55000	52000
员工薪酬定级					√		
备注	该员工薪酬定级为 3 级,对应基本年薪为 58000 元						

在这种情况下,如何确定员工的薪酬水平呢?根据我们的经验,企业有三种选择:

(1)严格按照薪酬定级执行,基本年薪为 58000 元。

(2)采用"就高不就低"的原则,虽然员工的能力级别只能达到 58000 元,但为了稳定员工,企业还是按照原薪酬水平 60000 元执行。这种做法的结果就是给员工确定的薪酬水平(60000 元)无法直接对应到新的薪酬宽带当中。

(3)采取"就高不就低"的原则,按照薪酬宽带的 4 级(61000 元)执行。

很明显,第(1)种方法看似科学,但在执行过程中会存在一定的风险;第(2)种、第(3)种方法表面上看似不合理,但更具可操作性,如果企业采用第(2)种或者第(3)种方法,可能会造成不公平,关于这个问题企业可以采取薪酬层级异动的方式加以解决。

2. 薪酬水平调整

公司总体薪酬水平确定的依据是同期市场水平和企业自身的支付能力。薪酬体系在实际运行过程中,根据企业实际经营状况、通货膨胀状况和对未来经营的预期,原则上每 1～2 年企业就需要对总体薪酬水平进行评估和调整,确定薪酬水平增长幅度,薪酬增长幅度可能为正数、零,也可能为负数。

在这里需要特别提醒的是,企业在进行薪酬水平调整时,一定要注意保证最低限度有意义的加薪。在实际操作过程中,很多企业会碰到很多类似的问题,企业每年都为员工涨工资,并且在这方面的支出也不少,但结果并不理想,因为员工都觉得这是他们应该得到的,甚至会觉得公司的加薪幅度根本就不足以弥补因通货膨胀、社会经济增长、当地消费水平提高等外部因素的影响而使员工日常开支的增长幅度。但这个结果是企业不愿意看到的,因为企业毕竟是通过减少当期利润为员工涨的工资,也期望通过涨工资来进一步激发员工工作的积极性和主动性。

3. 员工薪酬层级的异动管理

除了整体薪酬水平的调整,企业每年还需要根据员工个人绩效表现,对员工个人薪酬层级进行动态管理。薪酬层级的异动分为常规性异动和非常规性异动两种:其中常规性薪酬层级异动是指企业根据员工上一年度绩效成绩对员工薪酬层级进行调整,每年进行 1 次,常规性异动又分为三种,即薪酬层级晋升、薪酬层级降低、薪酬层级维持不变;而非常规性薪酬层级异动是指企业对为企业做出特殊贡献或者存在重大工作过失的员工进行的薪酬层级晋升或降低,可以根据实际情况随时进行。

[参考文献] >>> References

[1]水藏玺. 人力资源管理体系设计全程辅导[M]. 北京:中国经济出版社,2008.

[2]水藏玺,吴平新,刘志坚. 流程优化与再造[M]. 北京:中国经济出版社,2013.

[3]水藏玺,景通桥,许艳萍. 人力资源管理体系设计全程辅导[M]. 北京:中国纺织出版社,2016.

[4]水藏玺,吴平新. 高绩效工作法[M]. 北京:中国纺织出版社,2019.

[5]水藏玺,冉斌,唐晓斌. 绩效指标词典[M]. 北京:中国经济出版社,2005.

[6]水藏玺. 培训促进成长[M]. 北京:中国经济出版社,2005.

[7]水藏玺,吴平新. 年度经营计划制订与管理(第2版)[M]. 北京:中国经济出版社,2016.

[8]水藏玺,吴平新. 年度经营计划制订与管理(第3版)[M]. 北京:中国经济出版社,2018.

[9]水藏玺. 不懂解决问题,怎么做管理[M]. 北京:中国纺织出版社,2019.

[10]水藏玺. 看好自己的文件夹:企业知识管理的精髓[M]. 北京:中国经济出版社,2005.

[11]彭剑锋,饶征. 基于能力的人力资源管理[M]. 北京:中国人民大学出版社,2003.

[12]彭剑锋,饶征,彭青锋. 任职资格与职业化[M]. 北京:中国人民大学出版社,2003.

[13]胡蓓,张文辉. 职业胜任力测评[M]. 武汉:华中科技大学出版社,2012.

[14]秦杨勇. 胜任力模型设计五步法[M]. 厦门:路径出版社,2009.

[15]高艳. 企业人力资本经营研究[M]. 北京:中国经济出版社,2011.

[16]张登印,李颖,张宁. 能力模型应用实务:企业人力资源体系构建技术、范例及工具[M]. 北京:人民邮电出版社,2014.

[17]露西亚,莱普辛格. 胜任:员工胜任力模型应用手册[M]. 郭玉广,译. 北京:北京大学出版社,2004.

[18]斯玛特,斯特里特. 聘谁:用A级招聘法找到更合适的人[M]. 任月园,译. 北京:中国经济出版社,2019.

[19]杜波依斯,罗思韦尔,斯特恩,肯普. 基于能力的人力资源管理[M]. 于广涛,等,译. 北京:中国人民大学出版社,2006.

[20]茨威尔. 创造基于能力的企业文化[M]. 王申英,唐伟,何卫,译. 北京:华夏出版社,2002.

[致　谢] >>> Acknowledgement

本书是我个人出版的第35本拙作。我从2002年开始写第一本书到现在已经整整18个年头。在过去的18年里虽然经历过很多事情,但是随着年龄的增长以及人生阅历的不断丰富,我看淡了很多、放下了很多,同时也收获了很多;然而有一件事情始终都在坚持,那就是写作。每天22:00至凌晨2:00的写作早已成为我生活的一部分。每每接到读者的来电、来信我总是备感欣慰;读者的每一句表扬都是对我的肯定,哪怕是批评也是我更加努力工作和前行的动力。

每本书对我来讲都是一个小结,也是一个新的起点:理念在更新,知识在更新,管理方法在更新,管理对象在更新,管理工具也在更新;唯有不断学习才能让自己过得充实。在本书出版之际,我要感谢很多人,感谢大家的一路陪伴、不离不弃。

首先感谢我的读者。

感谢过去18年给我来电、来信以及更多素未谋面但始终跟随的读者朋友。过去18年我收到了不下于3000封电子邮件、15000个电话、5000人(次)短信留言、20000人(次)微信留言、3500人(次)QQ沟通……在此深表谢意!

感谢水藏玺读者群(微信群)、水藏玺读者群(QQ群)的各位读者朋友。与你们互动是我人生当中最幸福的时刻。在这里我想说:有你们陪伴,真好!

其次感谢我的客户。

过去18年我一直坚持在咨询行业工作,在帮助客户成功的同时,自己的知识结构和人生阅历也得到了极大提升。过去18年我与客户教学相长、一起奋斗、结伴前行,在本书出版之际,再次感谢这么多年一直给予我支持和帮助的人们,他们是(以下注明的职位是我们合作时的职位,可能有所变化):

苏州新机电总经理张建伟先生、副总经理游黎萍女士;

宝丰集团执行总裁马宝玉先生、总经理任向阳先生;

东方之星总裁杨文泽先生、幼儿园课程事业部总经理杨有辉女士、学前课程研究院刘卿女士、人力资源部经理王双荣女士；

神王钢缆集团董事长黄伟良先生、总经理黄玮颉先生；

暨大美塑总裁夏黎名先生、总裁助理王茜女士、总裁助理丁明芬女士、暨大美塑商学院院长栾翠萍女士、人力资源总监陈秋平先生；

质德农牧集团总裁翟长信先生、副总裁孙建荣先生、副总裁朱全生先生；

国茂减速机总经理徐彬先生、总经理助理孔东华先生、人力资源经理黄晓英女士；

鼎阳科技财务总监刘厚军先生；

房博士总裁孙敏女士、副总裁陈晓岽女士；

海天集团乔峥女士；

清源环保赵勉女士；

庆美珠宝熊福章先生、事业部总经理董珊珊女士；

沃尔兴总经理朱小勇先生；

高斯贝尔总经理游宗杰先生、人力资源总监魏宏雯女士；

鸿普森副总经理袁菲女士；

全宝科技总经理徐建华先生、副总经理黎敏女士；

云南招标总经理徐瑞川先生、副总经理赵贵梅女士；

前海投控企管部部长宋毅晖先生；

恒之源董事长李明奎先生；

万润科技总裁罗明先生、总裁助理钟萍女士；

佛山创意产业园董事长邱代伦先生、副总经理张莹女士；

宏大电气总经理顾仁先生；

南方轴承副总经理史伟女士、HR 经理王芳女士；

金凯德董事长陈利新先生、营销副总金海航先生；

泛亚人力总经理靳站兵先生、副总经理高晓勇先生；

3ZU 足装秀董事长董其良先生、总经理金培娟女士；

华孚色纺董事长孙伟挺先生、IT 与流程管理总监许伟宜先生、IT 与流程管理部经理邵敏女士；

朵唯女性手机董事长何明寿先生、财务总监张梅女士；

鸿福泰总经理樊文劲先生；

泰坦科技副总经理陈向军先生、HR 经理孙阳光女士；

玉溪矿业大红山铜矿经营副矿长李沛丰先生、HR 主任姬祥云先生；

名雕装饰总经理林金成先生；

中核华兴投资建设事业部总经理陈涛先生、综合管理部主任王善民先生、工程管理部经理郭云涛先生；

三和管桩总裁韦泽林先生、副总何先军先生；

益康集团董事长郭建忠先生；

芬尼克兹 HR 经理刘敏女士；

……

最后感谢各行业管理精英。

改革开放以来，中国企业经历了前所未有的长时间、高增长发展历程。在这个过程中诞生了许多伟大的企业，也培养和造就了一大批优秀的管理精英。在过去18 年，我有幸结识了其中一部分佼佼者，在与大家沟通和不断交流的过程中，受益匪浅。在本书出版之际，感谢大家相逢、相知、共同学习与进步，他们是（排名不分先后）：

付鸿虎、周坤、蔡巍、张国元、梁青玉、王正军、徐兆辉、蔺全录、徐一农、张少勇、吴平新、赵晓东、刘志坚、李军、唐东方、眭昆、昝鹏、姜定维、谭文平、熊珺、张羽翔、马昌喜、廖洪才、尹晓松、郭凌志、朱小勇、王若茜、解莉安、魏宏雯、徐江伟、童世贵、周攀峰、刘星、卿北军、郑治景、张燕、窦一峰、陈新江、盛莉、李明静、陈祝群、王湛钦、马行川、向碧辉、张娜、许伟波、梁杰、陈谊、黄桂榕、范士楹、陈政、林劲龙、付美昌、雷霖、罗瑞发、林泽勇、徐晓韵、刘敏、陈琳、张建伟、张春芽、孙红、张琼丹、张和平、张斌、马梓乘、化世伟、刘立波、安晓、廖文平、伍俊辉、马焰、陈国燕、张勇、徐全珍、刘红晖、常诚、王晓枫、高传理、蒋宏华、王云飞、张腾、罗绍能、伏益、高垚荔、张代军、王清华、孙宏斌、赵国强、吴新南、姚孝杨、李东峰、谢志鸿、张兴隆、田燕、朱韵菲、刘定坚、王红、任洪刚、黄妘檍、冼林、王远飞、王双荣、刘卿、朱玉梅、刘溧云、刘凡慧、陈晓崇、杨剑军、景通桥、张辉、沈全利、刘明勇、宋维团、符立龙、赵鹏、韩平肖、周建学、陈秋平、吴艳青、欧阳曙、杜睿、熊刚、甘云龙、牛改荣、李敏、梁芳、戴建红、沈海涛、顾群丰、罗向明、钟萍、马立祥、方宇、马宏亮、张琳琳、易红、邓玉莲、杨秀瑞、陶香仁、王燕……

过去我一直在努力，努力将自己的所见所闻、所学所获分享给更多的人；未来我将更加努力，愿与更多的读者成为好朋友，愿与更多的客户成为好伙伴！

2019 年 4 月于深圳前海

本书案例来源及专业支持

信睿咨询　　南粤商学　　CPIO协会

信睿咨询　信睿咨询由国内知名管理专家水藏玺先生、吴平新先生发起，以“持续提升客户经营业绩”为追求目标，始终坚持“以客为尊，以德为先”的经营理念。结合10多年理论研究与企业实践，信睿咨询开创性地提出了“SMART－EOS企业经营系统”理论，信睿咨询认为，企业的任何一项经营活动和管理行为都必须以提升企业市值为准绳。同时，在与客户合作模式方面，信睿咨询提出的“与客户结婚”和“咨询零收费”模式开创了国内咨询行业全新的商业模式。

南粤商学　南粤商学由国内知名管理专家水藏玺先生、张少勇先生等为核心发起人，联合近300位优秀企业家及企业高级管理者，以“信睿SMART－EOS企业经营系统”为理论基础，以“拓展管理视野”为使命，传播南粤（广州以南，珠江两岸）优秀企业管理经验，推动中国企业提升管理能力，怀揣“管理报国，利润报企，幸福报民”之理想，旨在帮助中国企业实现管理升级，为早日实现“中国梦”而努力。

CPIO协会　深圳首席流程创新官协会（Chief Process Innovation Officer，CPIO）由国内知名管理专家水藏玺先生、张少勇先生、王剑先生等发起，旨在帮助企业打造一批优秀的CPIO。

CPIO的工作职责覆盖首席信息官（Chief Information Officer，CIO）、首席创新官（Chief Innovation Officer，CIO）和首席流程官（Chief Process Officer，CPO）的范畴。优秀的CPIO是企业经营系统升级的主要推动者和责任承担者。

目前，首席流程创新官协会在深圳、苏州、佛山、珠海等地设有分会。

水藏玺作品一览表

序号	书名	出版社	出版时间
1	吹口哨的黄牛:以薪酬留住人才	京华出版社	2003
2	金色降落伞:基于战略的组织设计	中国经济出版社	2004
3	睁开眼睛摸大象:岗位价值评估六步法	中国经济出版社	2004
4	管理咨询35种经典工具	中国经济出版社	2005
5	看好自己的文件夹:企业知识管理的精髓	中国经济出版社	2005
6	绩效指标词典	中国经济出版社	2005
7	培训促进成长	中国经济出版社	2005
8	拿多少,业绩说了算	京华出版社	2005
9	成功向左、失败向右:在企业的十字路口如何正确决策	中国经济出版社	2006
10	激励创造双赢:员工满意度管理8讲	中国经济出版社	2007
11	人力资源管理最重要的5个工具	广东经济出版社	2008
12	人力资源管理体系设计全程辅导(第1版)	中国经济出版社	2008
13	企业流程优化与再造实例解读(第1版)	中国经济出版社	2008
14	金牌班组长团队管理	广东经济出版社	2009
15	薪酬的真相	中华工商联出版社	2011
16	流程优化与再造:实践、实务、实例(第2版)	中国经济出版社	2011
17	管理成熟度评价理论与方法	中国经济出版社	2012
18	流程优化与再造(第3版)	中国经济出版社	2013
19	定工资的学问	立信会计出版社	2014
20	互联网时代业务流程再造(第4版)	中国经济出版社	2015
21	管理就是解决问题	中国纺织出版社	2015
22	年度经营计划管理实务(第1版)	中国经济出版社	2015
23	学管理用管理会管理	中国经济出版社	2016
24	人力资源就该这样做	广东经济出版社	2016
25	人力资源管理体系设计全程辅导(第2版)	中国纺织出版社	2016

续表

序号	书名	出版社	出版时间
26	互联网+:电商采购、库存、物流管理实务	中国纺织出版社	2016
27	年度经营计划制订与管理(第2版)	中国经济出版社	2016
28	班组长基础管理培训教程	化学工业出版社	2016
29	互联网+:中外电商发展路径图	中国纺织出版社	2017
30	石油与化工安全管理必读	化学工业出版社	2018
31	年度经营计划制订与管理(第3版)	中国经济出版社	2018
32	不懂解决问题,怎么做管理	中国纺织出版社	2019
33	高绩效工作法	中国纺织出版社	2019
34	业务流程再造(第5版)	中国经济出版社	2019